投资大师操盘术系列

BONADE BALU

CAOPANSHU

伯纳德·巴鲁克
操盘术

投机大师　投资鬼才　犹太独狼　总统顾问

赵信 著

股市有风险
入市需谨慎

经济管理出版社
ECONOMY & MANAGEMENT PUBLISHING HOUSE

序

华尔街"最牛做空者"、最传奇投机大师
——伯纳德·巴鲁克

伯纳德·巴鲁克（以下简称"巴鲁克"）这个人似乎极少有人知道，尤其是急功近利的中国股民。在当时的证券界，他的名声一点也不逊于当下的巴菲特和索罗斯。巴菲特的导师是格雷厄姆，而格雷厄姆很敬佩的股票操作者就是巴鲁克。

20世纪上半叶，这位德国人的后裔是美国股市和政坛上叱咤风云的人物：提及美国烟草大王杜克，不得不提及他；谈到古根海姆、摩根，更不由得想到他。

巴鲁克是活跃于美国20世纪前后的大投机商。那个时代是美国历史上独一无二的"大投机商"时代，一个铁路股占据了股市市值60%的时代。因监管的不完善和缺乏大众认可的核心价值评估体系，那些资本大鳄得以同时控制实业和资本市场，将很多小投资者玩弄于股掌之上。而巴鲁克游走于这些大人物之间，在32岁那一年便已经赚到了100万美元。这些钱以10%的复利累积到现在的话可达到357亿美元，相当于今日巴菲特的身家。

"巴鲁克"一词在希伯来语里，就是"赐福"的意思。1870年他

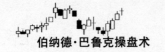
生于美国南卡罗来纳州，他的父亲是位有名的医生，母亲以教授钢琴和声乐为业，他在四个兄弟中排行老二。

巴鲁克是白手起家的成功典范，最早他在纽约的一家小经纪行中干些打杂的活儿，周薪为 3 美元。通过不断的努力，被快速提升为公司的合伙人之后，他倾其所有，购买了纽约证券交易所的一个席位，不到 35 岁就成了百万富翁（相当于今天半个亿万富翁）。之后的几年里，巴鲁克几次濒临破产却又东山再起，到了 1910 年，他已经与摩根等一起成为华尔街屈指可数的大亨。当时他在美国证券界的地位可以用"呼风唤雨"来形容。巴鲁克逝世于 1965 年，享年 95 岁，可谓福寿双全、充满传奇的投资大师。

巴鲁克有许多称号："投机大师"、"独狼"、"总统顾问"、"公园长椅政治家"……然而，人们最乐意称他为"在股市大崩溃前抛出的人"。

在他许多的传奇经历当中，最为人津津乐道的则是他在 1929 年股市大崩溃到来之前成功逃顶。

在这场大股灾中，著名股票大师格雷厄姆破产，可是巴鲁克却最终全身而退。他是如何做到的呢？

"我在投机生涯中一次又一次地抛出依然在上升的股票——这是为何我今天依然拥有财富的原因之一。我可能会由于继续持有这只股票而获得更多的财富，然而我也可能被价格崩溃时的市场下挫所埋葬。假如我因此错过了赚钱的机会，我同样也避免了破产的威胁。我已经看过许许多多这样的故事。

一些人夸口能够在市场顶点卖出股票，在市场底部买进股票，我想无人能够做到这一点。我通常是在相对低点买进，在相对高点抛出，从而成功地避免了被灾难性的市场波动清理出局。"

人们往往把巴鲁克称为"在股市大崩溃前抛出的人"，实际上他

也不是每一次都有先见之明，然而他的一些交易规则还是值得我们回味的。

巴鲁克最重要的操作理念就是："任何人都不可能完全掌握所有行业的投资要领，因此最佳的投资途径就是找到自己最了解和最熟悉的行业，然后将所有的精力都投进去。"比如在农产品方面投资屡次失败之后，他就几乎不碰农产品，那是因为他坦言一直没有能够掌握农产品的投资诀窍。

巴鲁克在作出投资决策时都非常慎重，他提出必须注意投资对象的三个方面：一是它要拥有真实的资产；二是它最好有经营的特许优势，这样能够减少竞争，其产品或者服务的出路比较有保证；三是投资对象的管理能力，这是非常重要的。巴鲁克告诫道，宁可投资一家没有什么资金但管理良好的公司，也不要去碰一家资金充裕但管理糟糕的公司的股票。对风险的控制，巴鲁克也非常重视。他认为，必须经常在手里保留一定的现金，建议交易者每隔一段时间应该重新评估自己的投资，看一看情况变化之后股价是否还能达到原来的预期。他又提醒交易者要学会减少损失：操作过程中的犯错是在所难免的，失误之后唯一的选择就是在最短的时间内减少损失。巴鲁克对所谓的超额回报并不以为然，他告诫不要企图买在底部、卖在顶部。他说："谁要是说自己总能够抄底、逃顶，那准是在撒谎。"他也提醒交易者，必须谨防所谓内幕消息或者道听途说，必须要有自己的分析和思考，因为交易的错误往往是由此而造成的。

在人们一哄而上的时候，巴鲁克总是冷静地袖手旁观，当人们冷静的时候，他却是热情倍增。这种反其道而行之的交易风格，正是巴鲁克独特的地方。

他的成功诀窍就是动作一定要快。他认为，假如做不到"快"这一点，就要减少介入，一旦心有疑虑，也要减少介入。一个总体的原

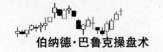

则就是，公众对股市介入得越多，其力量越大，因此不要企图与大伙儿对着干，然而也不要站得太靠前。

有人称巴鲁克为"投机大师"的原因之一，是其貌似孤注一掷的风格。实际上，巴鲁克的果断正是他出类拔萃的成功特质，特别表现在他能够咬住其他交易者慢半拍的时机。有一则小故事可以很好地说明巴鲁克的交易风格。28 岁那年一个星期天的晚上，旅途中无意听说西班牙舰队在圣地亚哥被美海军歼灭，这意味着美西战争将要结束。巴鲁克马上意识到若能在第二天黎明前赶回办公室操作，必然能够大发一笔。苦于当时的班车夜间不运行，急中生智赶到火车站租下一列专车，连夜在黎明前赶到办公室。在其他人还没有醒悟的时候，巴鲁克倾尽全力果断出击赚了个钵满盆盈。

此外，巴鲁克绝对是一个卖空的高手，他认为卖空是一种很好的交易方式。所以，他坚持认为投机交易不仅必要而且还是一种值得称道的交易方式。

巴鲁克的交易天才还表现在他在交易中的灵活性。他的行动远比他说的话更加重要。他认为，要把所有客观事实与自己的主观看法综合起来考虑，而那种执意在某段时间内赚进某个数额的想法，就会完全破坏自己的灵活性。

同时，巴鲁克对经济和政治形势非常敏感。特别是在投资一些与关税、基础设施建设等相关的行业时，巴鲁克通过判断各利益方最终的平衡点，推断政策的方向进行投资，从而获得巨额的利润。他经常说："你必须了解到市场发生了什么，然而不要误认为市场会发生什么。"

对大众心理的认识方面，巴鲁克与巴菲特观点基本上是相同的，然而他们二人在交易风格上还是存在着巨大的差异。

巴鲁克的交易方法更加灵活多变，提倡止损意识，认为尽管每十

次只做对三四次，也会成为富翁。巴菲特好像更持重守拙，认为对于已经制定的投资计划不要轻易改变。他说："假如你不能在股价跌去一半后，依然能从容不迫地执行计划，那么你是不适合做股票投资的。"能做到这一点，在于巴菲特非常慎重的选股方式。

由此可见，巴菲特就好比是一位内力深厚的太极高手，而巴鲁克更像是一剑封喉的剑客。

国际金融市场上习惯把对战略性趋势的大抉择叫作"巴鲁克的选择"，在巴菲特之前的"国际金融领域的原始阶段"，杰西·利弗摩尔与巴鲁克是同一个时代两位顶尖大师，然而两位大师交易生涯的结果却是不相同的，生性好赌并且交易手法比较激进的杰西·利弗摩尔功亏一篑，而早年进行过拳击训练的巴鲁克已经学会如何在非常亢奋激动的状态中收放自如，在大赌场狂热的氛围中坚持不超过5个1000美元的筹码的严格纪律让他能够全身而退。对国家、人民所具有的责任感和忧患意识让他通过人性洞悉将发生大崩盘的蛛丝马迹，扎实专业的基础知识与交易经验让他只投资自己熟悉的行业公司，这些综合因素成就了他完美的交易生涯，如果把西方的金融百年历史与中国神话进行比较，假如巴菲特是战无不胜的如来佛祖，那么巴鲁克就是开创乾坤的盘古，在这个复杂、异常残酷的金融市场中，期望大家好好地领会巴鲁克的意图！

本书特别讲解巴鲁克操盘的秘诀，共有六个部分，分别是巴鲁克的操作理念、盈利法则、操作技巧、操作规则、资金管理法则以及投机心理学。

作者擅长资金管控、筛选翻倍股票、道氏波浪技术、位置价格技术，以中长线翻倍股票项目为主。作者QQ：963613995，手机：15201402522，欢迎读者朋友交流。

目　录

　　"群众永远是错的"是巴鲁克交易理念的第一要义。他关于交易的许多深刻认识均是从这一基本原理衍生而来的。例如，巴鲁克主张一个很简单的标准，来鉴别什么时候是应该买入的低价和该卖出的高位：当大家都为股市欢呼时，你就应该果断卖出，不要管它还会不会继续上涨；当股票便宜到无人想要时，你应该大胆买入，不要管它是否还会再下挫。

　　这一主要交易理念还帮助巴鲁克成了投机大师。因此，大家要警惕自己是否有与大众一样的心理和行为。

　　这些大众不只是指理发师、公交司机等一些非专业者，我们可以将其定义放得更宽一些，指的就是任何参与证券交易的群体，甚至还包括经济学家等的专家。也就是谁和90%的人说的、做的相同，特别是后者，谁就是巴鲁克眼中的群众了！

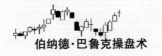

第二章 巴鲁克的盈利法则

巴鲁克的许多盈利来自于出色的分析和研究。他认为，投机者应该像外科医生那样，能在一团复杂的肉体组织与相互抵触的细节中寻找出有重要意义的事实。

有人将巴鲁克称为"投机大师"，其中的原因之一就是他那种孤注一掷的风格。

实际上，果断正是巴鲁克出类拔萃的成功特质，特别表现在他能够抓住其他交易者慢半拍的时机。他完全凭借他敏锐的洞察力和过人的智慧，纵横驰骋于股票市场，把握其规律，掌握盈利的诀窍，成就了一个股市传奇。

第三章 巴鲁克的操作技巧

巴鲁克说，交易的精髓就是交易和领悟。交易所讲的就是实战，领悟所讲的是你需要悟透一些交易的实质，就是要动脑子，不要像赌徒那样，拿到筹码，走入赌场，大赌一把。

巴鲁克认为，市场上有足够的获利机会，然而你应该出对手上的牌，提高交易技巧。

提高交易技巧主要为：一是掌握每个错误的学习机会；二是不要试图在底部买入，在顶部卖出；三是应该注意投资对象；四是必须定期重新评估所有的投资；五是股市操作不能过于分散投资，最好只购买少量几只股票，密切地加以关注；六是卖出股票时必须考虑"安睡点"；七是必须重视信息的价值；八是研究自己的纳税情况，了解什么时候卖出证券能获得最大税收优势。

第四章 巴鲁克的操作规则 …………………… 099

巴鲁克说，应用股市投机术各种交易模式必须遵循一定的交易原则。交易原则就是根本，就是方向，就是操作纲领。无原则运用交易模式就会失去根本，迷失方向，会让超大概率盈利模式变为亏损模式。

早期多次失利以后，巴鲁克开始养成严于律己的操作方式。他的必要纪律，就是绝不根据小道消息或者内幕购买股票。

换言之，要想达到盈利的目的，你应该建立自己的操作规则。否则，太多的可能会让你无所适从，其结果将是毁灭性的。在心理上最难的地方在于：你必须构建自己的规则，并完全由自己为这些规则所出现的后果负责，这是巨大的责任。

第五章 巴鲁克的资金管理法则 …………… 131

巴鲁克说过："若投机者一半的时间是对的，他极其幸运。如果一个人认识到他所犯的错误，并且马上放弃亏损，那么，他在 10 次当中做对了 3 次或者 4 次，就能够为他带来财富。"

巴鲁克非常注重对资金的管理。他认为必须时常在手里保留一定的现金,建议交易者每隔一段时间就应该重新评估自己的投资,看一看情况变化之后股价是否还能达到原先的预期。他又提醒交易者要学会止损:犯错在所难免,失误之后唯一的选择就是要在最短时间内止损。

交易者应该学习如何控制亏损,包括每笔交易、每天以及整体账户的亏损在内。如果不能做到这点,最终会遭受巨大的亏损,甚至导致账户破产。

第六章 巴鲁克的投机心理学

人性的主要弱点就是贪婪与恐惧,贪婪来自内心的期望,恐惧来自大脑的无知。人的一生实际上就是自我修养历练并克服弱点的过程,正如巴鲁克经常说"自己在华尔街的职业生涯则是自己人性获得教育的漫长过程"。

巴鲁克认为,人们的行为来自奇怪的从众心理。如同 J. P. 摩根所说的,"思维惯性"涉及的是大众对事件的反应。在这些事件当中,教育背景与个人地位没有任何优势。大众的反应,曾在 20 世纪 20 年代末期造成股价疯狂地上涨,最终造成大崩盘。不管你的智商有多高,不管你在其他行业获得了什么样的地位,在市场中都无任何关系,股市走势与入市者没有关系,事实上股市并不在乎你是什么样的人。

所以,必须了解心理学,了解它对股市的影响,是巴鲁克在追求盈利中的重要发现。

第一章　巴鲁克的操作理念

　　"群众永远是错的"是巴鲁克交易理念的第一要义。他关于交易的许多深刻认识均是从这一基本原理衍生而来的。例如，巴鲁克主张一个很简单的标准，来鉴别什么时候是应该买入的低价和该卖出的高位：当大家都为股市欢呼时，你就应该果断卖出，不要管它还会不会继续上涨；当股票便宜到无人想要时，你应该大胆买入，不要管它是否还会再下挫。

　　这一主要交易理念还帮助巴鲁克成了投机大师。因此，大家要警惕自己是否有与大众一样的心理和行为。

　　这些大众不只是指理发师、公交司机等一些非专业者，我们可以将其定义放得更宽一些，指的就是任何参与证券交易的群体，甚至还包括经济学家等的专家。也就是谁和90%的人说的、做的相同，特别是后者，谁就是巴鲁克眼中的群众了！

一、群众永远是错的

　　巴鲁克曾经说过"群众永远是错的"。这句话招来不少的非议，然而事实胜于雄辩。最能够证明巴鲁克观点是正确的，莫过于他能够在

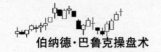
1929 年大危机来临之前顺利逃顶。那时候他不断地做短线、抛空、回补、再抛空，然而他越来越感觉到股市风险不断地加大，终于在最后时刻抛出所有股票。

在全球其他国家，发生过很多由于股市而引起的经济灾难，其中最典型就是 1929 年的美国股灾。

1929 年 10 月 24 日，这一天被称为黑色星期四，是大恐慌的第一天。用无序、惊恐以及混乱的标准来看，这个星期四的确无一不及。那天换手的股票数为 12894650 股，并且其中的很多股票售价之低，大大地造成其持有人的希望和美梦破灭。在证券市场的所有秘密中，没有哪个秘密像每个想要抛盘的卖家为何一定要找到买家接盘这一秘密那样让人捉摸不透。1929 年 10 月 24 日的情况证明，神秘的事并非不可避免的事。股市上往往找不到买家，只有在股价直线下跌以后，才会有人愿意接盘。

1929 年 10 月 29 日是真正的大崩盘日，是纽约证券交易所建立以来最具灾难性的一天，而且有可能是证券交易所历史上最具灾难性的一天。这一天汇集了在这以前所有糟糕交易日的所有糟糕特征。成交量足以大于黑色星期四。很多股票重复出现只有卖单，而根本无买家接盘的情况。

美国 20 世纪 30 年代的股市崩塌使得全球投资者的震撼是无法磨灭的，你只要想一想，假如上证指数从 2200 点急挫至 200 点，对大家的伤害有多大就能够理解了。

巴鲁克回忆起大危机前夕的情况时说，随着股价的暴涨，人们已经忘记了"二加二等于四"这种最根本的东西，甚至华尔街擦皮鞋的小孩都开始向他推荐买入股票，让他不得不相信该是脱手离场的时候了。

巴鲁克的主要投资理念是"群众永远是错的"帮助他成了投机大

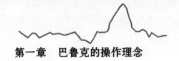

师。因此我们要警惕自己是否有与大众一样的心理和行为。

这些大众不只是指理发师、公交司机等一些非专业者，我们可以将其定义放得更宽一些，指的就是任何参与证券交易的群体，甚至还包括经济学家等的专家，也就是谁和90%的人说的、做的相同，特别是后者，谁就是巴鲁克眼中的群众了！

在股票市场，绝大多数即群众的选择永远是错误的，而且必然是这样的。主力所选择的股票应该在低位买进，并且常常是出于很多散户意料之外，神不知鬼不觉，很多散户也根本没有发现其价值，假如很多散户已看好其未来价值时，便成为主力资金拉升的最好机会。当然，主力资金大量沽售的时候，也是市场疯狂买入的时刻；市场成交清淡的时候，也不是主力的最好卖出时机（反而是主力一点一点买入的时机）。主力只有出乎大家意料与人们拉开距离，此时的跟庄者、竞争者才会减少。

所以，主力选股通常会选择未来发展十分好的上市公司，然而大多散户却没有感知，某只股票尽管现在很不起眼，然而主力团队经过周密地分析研究，认为这家公司在一年或者两年后其价值会被多数人认可，则主力资金一定会青睐这只股票。一是从当前的基本面来看，其价值没有显现，很多散户会弃它而去，这样主力资金收集筹码很容易；二是很多人没有认可其价值，它的价格一定较低，主力收集的成本也很低，将来就会有较大的利润空间；三是主力介入之后拉升很容易，可以说神不知鬼不觉，尽管有部分散户持有股票是长期心态，拉升一定高度也不太关心，还有的散户不了解其价值，对这只股票也"死"了心。当此股上涨到较高价位，它的价值开始显现，然而大多数人依然认为其价格与价值还相差较大，此时散户的力量又聚集得很大，再加之媒体正面宣传，就连大资金也认为这只股票的价格必然会再翻一倍，然而此时的主力是不会贪心的，他会在散户想买买不到的情况

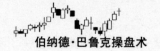

下一点一点放给他们，最终等到这家上市公司可挖掘的潜力被散户挖掘得"精光"之后，并且在所有的股民眼中暴露无遗时，其主力持有的筹码也早已经抛了个精光。

因此你准备买的股票，假如是你周围好朋友也认可的，或者有人极力从多种渠道向你推荐的，你必须要小心了，那是将你往"火坑"里推！

有这么一个寓言，在一架飞机上，乌鸦对乘务小姐说道：给爷倒一杯水！猪听到之后也学道：给爷倒一杯水！结果小姐非常不高兴就将猪和乌鸦扔出机舱。这时乌鸦笑着对猪说：这次你太傻了吧！爷能够会飞，你会飞吗？千万不要人云亦云，再好的建议最关键是是不是确实适合自己！

股票买卖中散户与主力本身形成了一定的利益冲突，如果散户分得了其中的一块蛋糕，等于侵入了主力的低位筹码。这时主力当然很生气，甚至发怒。他会运用百般手段折腾你，一会儿狂奔、一会儿怒吼、一会儿平静，大盘上涨时它不涨，大盘下挫它下挫，大盘盘整的时候，它却又突然上涨，让你捉摸不定，哭笑不得。这时一般人无法接受，从而逃之夭夭，发誓再不碰它。

时间一天一天地过去了，几个月之后，你意外地发现这只股票静悄悄地上涨了许多。发誓永不碰它的人后悔已经晚了，由于他们在那么低的价位曾经全仓买入但未赚钱就又全部卖出。如今上涨了这么多，自认为又没有这么傻，再去追它？然而他们根本没有察觉，真正的涨势还在后面，事实上现在介入也不会太晚。

果然经过半年或者更长时间，这只股票的价值、业绩逐渐地显示出来，市场终于开始认可它了，然而其价格却又涨了许多，很多人也开始关注，有人也向你推荐它了。这时你必须要清醒，千万不要"昏了头"，认为自己赚了很多，还会在这只股票上赚更多，而不愿卖出将

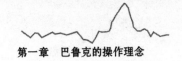

后期利润留给他人。这时你一定要有慈悲心，不要妄想将所有利润都让你一个人挣，即便能挣到，你也应该放弃，这样市场下次还会加倍给予你！

很多散户一旦角逐，本来向着美好方向发展的事，一定会迅速向相反的方向转变。

当每个交易者都有同样的观点时，事实上每一个人都是错误的。在股票市场行情将要转势，由牛市转熊市的前夕，几乎每个交易者都看好后市，均觉得股票价格依然会创新高，因而大家就会大量买入。想买入的交易者终于都已经买入，后续资金"弹尽粮绝"、强弩之末的时候，大市逆转就在眼前，牛市就要完结。

二、供需理论的原理

巴鲁克说，经过几年在金融市场的洗礼、摔打，终于领悟出一个道理：唯一能够决定市场价格的是供需关系，而不是基本面更不是价格的相对高低，当下的盘面走势则反映了一切；市场的实质属性是客观的，而市场的参与者是主观的，因此市场本身就是那些企图预测市场未来却又容易情绪化的人们的集合。当客观趋势发生变化的时候，主观应该顺从跟随因时因势而变，由于市场永远是对的，必须对市场心存敬畏，不越雷池一步。

"我以前已经提到过，我是如何通过聆听赫尔曼·席肯对 Amalag-mated Copper 公司创始人企图控制铜价的愚蠢行为的解释而发家致富的。从实际上看，整个铜价事件就是对供需法则有效性的简单测试——尽管在最聪明的投机者操纵的情况之下。有的人可能会认为，

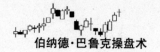
有了这样一段经历以后，我可能永远也不会犯企图超越供需法则的错误了。可是，我的确犯过这样的错误。

1902 年，巴西的圣保罗州政府公布了一条限制耕种的法令，期限是 5 年，此法令将大幅降低 1907 年的农作物产量。无人比席肯更了解咖啡豆贸易了，他判断这些限制耕种的法令和未来恶劣的气候将造成咖啡豆价格大幅上涨。

1905 年 1 月，我开始买进大量的咖啡豆，由于使用了杠杆，每磅咖啡豆上升几美分就能让我赚一大笔钱。

然而预期中的价格大涨并没有出现，气候因素没有像投机者预期的那样糟糕，并且可能会在 1906 年生产出很多的咖啡豆——这距限产法令产生效果还有一年时间。

在 1905 年的最后几个月之内，已经维持在 8 美分附近 1 年时间的咖啡豆价格开始下挫，巴西政府发出了警告，在咨询了像席肯这样的专家以后，巴西政府推出了"稳定物价"计划，下令购入数百万袋咖啡豆，而且不让这些咖啡豆流入市场。由于相信这些收购行动会支撑咖啡豆的价格，席肯就建议我持续持有咖啡豆。为了给收购提供资金，席肯向巴西政府提供了活期贷款。

然而咖啡豆价格持续以每次零点几个点的速度下挫，每下挫零点几个点都会让我亏损数千美元。可是我没有卖出，看着我的银行存款在连续缩水，很多年来赚取的利润就这样消失了。

我那时候应该做的当然是在 1906 年咖啡豆产出将超过预期这个消息明朗以后迅速卖出我所持有的咖啡豆。这样做可能意味着承担一些亏损，然而在股票市场里，当初的亏损往往是最小的。任何人都会犯的最严重的一种错误则是盲目坚持，拒绝承认自己的判断是错误的。

我懂得这个道理，然而并没有采取理智的行动，相反地，我与任

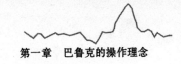

何陷入市场恐慌的业余交易者那样忘记了自己的推理能力。

很多新手会卖出盈利的股票来保护那些亏损的股票，由于优质的股票往往跌幅最小，甚至极可能会盈利，从心理角度来说，人们极容易卖出这样的股票。而那些糟糕的股票的跌幅可能很大，大家倾向于继续持有这种股票，期望能再涨回来。

事实上，正确的流程应该是卖出糟糕的股票，持有优质的股票。在一般情况下，股价高是由于它们是好股票，股价低是由于其价值有问题。

正如我所说的，这些道理我都懂得，然而我做了些什么呢？1903年，我买进了大量的加拿大太平洋铁路公司的股票，这只股票的价格已经大幅上涨，并且我肯定它的价格还会进一步上涨。可是，我卖出了这只股票，来支付咖啡豆投资中更多的保证金。

迅速地，我卖出了全部加拿大太平洋铁路公司的股票，而咖啡豆价格待续下跌。当我最后恢复理智并认识到最好撤出来的时候，我正好在西部——我想很可能是在旧金山。

这个经历让我亏损了 70 万~80 万美元，在此后的几天内，我得了神经性消化不良。比亏损更让我感到痛苦的是，自己盲目的自信心遭受打击，我下了决心，此后再也不对自己不了解的东西冒大风险了。

当事情过去以后，我清楚地看到自己所做的一切都是错的，清楚地看到了试图支撑铜价这个愚蠢行为的赫尔曼·席肯会在自己最了解的商品上犯下相同的错误，这听起来可能会使得人感到有些惊讶，但是，由于过分对结果抱有厚望而忽略了结果能否实现，我们往往会失去自己的判断力。

在此情况下，对标的物了解更多的人——有着更多内幕消息的人——他们很可能相信自己能超越供需规则。"

早年巴鲁克在大学时期，曾经听过一位经济学教授关于供需法

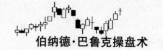

则的课程，该教授说："当价格上涨的时候，会出现两个过程——产量增加、消费下跌。结果，价格会渐渐回落。假如价格下跌得太低，又有两个过程产生——人们不愿意继续亏本生产，从而造成产量减少；另一个过程就是消费增加。二者的合力通常会建立起正常的供求平衡。"

巴鲁克对这段话给予了很高的评价，认为他自己就是由于这句话而变得富有。这句话在现在就像是经济学中的牛顿定律那样，然而我却往往听到这种观点，他们认为价格会继续上涨，并且不会损害需求，甚至会刺激需求，此观点就像认为我们不受地心引力影响那样荒谬。当然有的投资品的投机性需求会随着价格的上涨的趋势而在短期内上涨，但稍微将眼光放长一些你就会发现当价格上涨到一定程度，需求的空气便会变得稀薄，最终轻轻的一根稻草就能够让一切回归原点。因此，尽管是投资品，当你将投资周期拉长，还是会受到供需理论这经济重心引力的吸引。

早在 2000 多年之前，我们的先人就发现了"贵上极则反贱，贱下极则反贵。贵出如粪土，贱取如珠玉"。假如说这仍然是一种经验的话，那么"价格围绕价值波动"、"供需关系"等就上升到了理论。不管是格雷厄姆的安全边际，还是巴鲁克在 1929 大崩溃之前的抛出，均是遵照的这种原理。

此原理，就是事物运动背后的精神力量，就是事物发展必须遵照的规律，不管重复多少次，都必须要遵照的——阳光底下并没有新鲜的事物，指的就是此原理。

可是问题又来了，有些时候人们明明看到了股价已经远远低于估值，股价却不断下跌；股价到了估值的好几倍，股价却持续上涨——经过几轮牛熊，实际上这一点人们大都能够接受了。特别是房价，更是让人看不明白，已经持续上涨了十几年了，按照供需关系原理，房

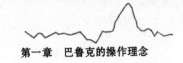

价这么高，供给就会越来越多，最后引起供需关系失衡，房价会大幅下降的啊？然而为何还在不断地上涨呢？

老子说过这么句话："道可道，非恒道。"实际上就已经告诉了大家，大家可以认识真理，然而大家认识的真理，与真正的真理，永远都有一定的差距。所以我们只能将这一层次，称为理论层，而不称其为真理层。牛顿定律，在相对论与量子力学中，便不再适用，牛顿定律是真理吗？是的，当然是，飞机、汽车、宇宙飞船的应用已经证明了此点；是绝对真理吗？并不是的，很难解释光的运动和量子的运动。供需关系是真理吗？是的，然而无法解释股市、房价的持续上涨。一直到索罗斯的反身性理论发现，有投资属性的标的价格越上涨，投资者就越买入，需求的力量就越大，价格就越高，最终一直到崩溃。

股市如同一台报价机似的，各种股票就像商品那样在报价机上报出买卖者的出价和成交价。一天天持续地报价，便形成了 K 线。

为何一些股票在上涨，而同时另一些股票在下挫？归根到底，股价的涨跌则是因股票的供需双方所决定的。某一时候，当愿意买入的资金多于市场上抛售的股票市值的时候，股价就会上升。相反，当愿意卖出的股票市值多于市场上买入的资金的时候，股价就会下挫。

对于需求而言，股票市场主要有两种需求，一是投资需求，二是投机需求（还有一种套利需求）。其中，投资需求跟消费者的消费需求极其相似——假如苹果的价格上升，则消费者就会考虑少吃苹果；假如超市打折搞活动，消费者就会进场扫货。同样股票市场的投资需求也是这样。对于一笔特定的投资而言，价格越便宜，则投资的回报率越高，越值得投资。

而投机需求就完全不一样，只要预期将来股价会更高，具有投机需求的买家就会进场买进，期待在将来以更高的价格出售。投机需求

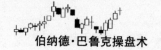

通常比较复杂，与股价之间并无固定的关系。比如，在单边上升的过程中，尽管股价在不断上涨，然而因投机者认为将来的价格会更高，尽管投资价值渐渐降低也会买入。又比如，一只股票短期内下挫了许多，投机者认为跌幅过大，短期内可能会止跌反弹（上涨），因此股价下跌时投机者也可能会买入。投机者认为股票会上涨的原因也有许多，可能来源于一条利多的消息，也可能来源于各种技术指标的指导，更可能来源于内心情绪的波动。

从二级市场的股票供给而言，也存在很多原因。有一部分供给来源于替代效应，比如投资者发现了更有价值、更值得买入的股票，又是房产、债券等其他投资渠道；再如持股者的消费需求大于投资需求时，也会卖出股票用来改善生活。另一部分供给则来源于投机者。假如认为股价会下跌，他们就会抛出甚至做空股票。另外，若投机者认为另一个品种有可能会上涨得更"快"，他们也会卖出所持有的股票。

有的时候，人们无法严格将"投资"与"投机"完全界定开来。比如，尽管投资者认为某一只股票具有投资价值，然而同时又认为这只股票在将来可能会下挫，你猜怎样？绝大多数的"投资"者，只要产生这种可能下挫的预期，便会选择"先看一看"。假如预期不太有把握，还会选择"分批建仓"的方法来释缓买入的压力。又如，投机者买进一只股票，来源于他预期这只股票将来的股价会上涨，而上涨的原因却极可能是公司的基本面转好，宏观经济条件改善等一些理由，这些理由从投资上说又是能够站住脚的。

每一笔股票交易，买者与卖者都有各种各样的原因。在其交易的背后，首先我们应该认识到，股票与其他的商品一样，价值决定价格，价格围绕价值上下波动。因为具备投机属性，所以价格有可能会长期偏离价值，而且偏离的程度还很深。

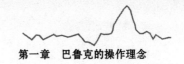

　　对于一只股票的投资价值来说，每个人的看法不一样。某只股票，市场上最乐观的投资者 A 觉得价值 10 美元，而最悲观的投资者 B 却认为只值 6 美元。但即便这样，股价依然有可能在未来的某一天下挫至 3 美元。这是为什么？主要原因：一是在股价的下挫过程中，不管是投机者还是投资者，只要持有"股票还将持续下挫"的心态，都有可能继续抛出股票；二是股价下跌，会影响投资者的情绪，使得其对公司未来前景更悲观，或者采取更为保守的估值方式。等股价跌到 4 美元时，乐观的投资者 A 可能觉得只值 5 美元，而悲观的投资者 B 认为可能只值 3 美元，那么类似 B 这样悲观的投资者，仍有可能继续抛售股票。

　　在股票的下挫过程中，市场就会自发地产生原因来解释为什么这只股票会下挫。此现象并不是在股市中才有，而是贯穿整个人类的整个进化史。例如，古人见到自然现象月全食，非常惊慌为什么月亮不见了，因而认为是被天狗吃掉了。股票市场也是这样的——假如股票下跌，就会有很多理由来解释下跌的原因。这些理由可能来源于媒体，来源于经济学家、证券分析师，或者是任何一个市场参与者。同样，对于价格远低于价值的股票，市场也会自发地形成各种原因（风险），用来佐证这只股票只值甚至不值这个价格。这些原因会让市场参与者产生继续下挫的预期，从而推动股价下挫，尽管这只股票的价格已经远远低于其内在价值。

　　同样的道理，当股票的价格高于其价值的时候，依然可能继续上涨。股价一旦上涨并形成趋势，便会有各种原因来解释其为什么会上涨，从而强化了股价持续上涨的预期。投机需求的买入会不断推高股价。同时，投资者的情绪也会变得更加乐观，变得继续给予更高的估值。市场也会自发地形成各种原因，来证明这只股票可以值更高的价钱，尽管这时股票的价格已经远远超出其内在价值。

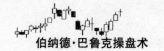
当年格雷厄姆同样是在股市上求胜心切，结果是在 1929 年的经济大萧条中一度濒临破产，痛定思痛之后，仔细研究公司价值，接着用远远低于企业价值的价格买入股份，提出了"安全边际"这一最重要的投资理念。实际上所谓安全边际，并非追求胜利，而是追求不败，追求不亏损，最后成为一代价值投资大师。

三、依靠判断力与市场走势来指导自己的行为

巴鲁克说，股市的任何所谓"真实情况"都是通过人们的情绪波动来间接地传达的；在任何短时间里，股票价格上涨或者下跌主要都不是由于客观的、非人为的经济力量或者形势和局面的改变，而是由于人们对发生的事情所做出的反应。

他认为，判断力的基础就是了解，若你了解了全部的事实，你的判断就是正确的；相反，你的判断就是错误的。

巴鲁克信奉判断和思考。他认为，如果缺乏判断和思考的信息，就没有什么价值。并且认为，要想作出正确的判断，应该掌握全局，抓住核心。他还将机敏的素质和不偏不倚的判断，当作股市成功的关键。

他强调，大多数人在股市赔钱的根本原因在于，他们认为不经过努力就可以在股市中赚钱。他相信，很多人把股市当作不费吹灰之力一夜暴富的地方，是奇迹产生之地。可是，他证实，如果不付出股市所要求的牺牲，那么就不要指望致富。当市场为他创造利润，当市场一路走势就像他所预料时，他仍然确保自己更加谦逊。这种能屈能伸的品质则为他提供了一种平衡，从而让他能审慎行事，作

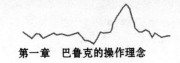

出正确的交易决策。

在金融交易当中，成功者必然是极少数，因此可以自然而然地得出结论：大部分人脑子里的想法基本上均是错的，其行动往往也都是错的！成功交易者都是些异于常人的人，关于这一点他们跟其他行业的成功人士并无不同。成为成功交易者还应该具备一些人格特质，一个交易者或许不能具备所有这些特质，然而必须具备其中的绝大部分，并且他所不具备的那些不能对其交易成功构成重大障碍。

1928 年，他曾多次在市场上涨到新高时抛出。随着股价一路上涨，他又返回市场，购买更多股票。截至 1929 年 8 月，市场上涨非常快，导致巴鲁克经常今天买入强势股票，明天就抛出。他的交易守则，就是依靠判断力和市场走势来指导自己的行为。这种交易方式证明，跟随市场走，而不是跟随个人对市场的感觉走，是极其重要的！

跟随市场走，永远不会迷路，因为市场不会抛弃他的忠实跟随者！

趋势就是走出来的，而不是预测出来的，市场如何走，我们就如何做，这是职业交易员最根本的交易守则，以真实的市场的信号当作交易的依据！

在巴鲁克来看，如果自己没有一套行之有效的分析方法，就很容易受到外界各种因素的影响。而要彻底改变如此的状况，最好的方式就是迅速建立起适合于自己的分析体系。任何阶段的行情演变和发展，都需要自我分析和解读，就能较为容易做到客观、理性对待。

如果判断和操作尽可能地贴近市场的客观实际，交易者越客观成就越大。曾经有人这样在评价巴鲁克时说："他之所以成功是由于他很客观。一个杰出的交易员绝对不能没有弹性。如果你发现某个人能够以开通的胸怀接受世上的事，你就能够找到一个具有成为交易员条件的人。"

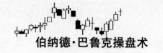

格雷厄姆曾说过："你正确是由于你所依据的事实和逻辑是正确的。"

交易市场获得利润没有定数，结果的成功就是最好的评判。不管你运用什么样的分析方法和手段都将归于盈利之上，这是逻辑和思维转变执行的过程，是交易者与市场行为变化的博弈程序，无论你如何理解它都这样进行着，逻辑和思维永远存在。在实践交易中没有认同和理解，只有尊重事实，你才会有走向成功的可能，这是铁的纪律，不需争辩的事实。

那么，逻辑和思维在实战中又起到怎样的作用，最主要的作用它将是指导你直接盈利和亏损的神经系统，你的行为就是由这个神经系统而发出的指令，其结果的成败则是对该系统正确的评判。比如，当你在对盘面运行方向加以判断时，大脑神经所传输的信号是以真实价格变动为根据，还是偏离现实价格波动而将它扩大化，其结果是存有巨大区别的。如果你的判断标准是以现在价格真实波动为根据，则你的判断是真实有效的，成功的概率必然是很大的。如果你的判断标准是偏离现在实际价格波段而将其未来的上涨与下跌空间扩大，则这种分析的结果是有着巨大水分空间的。实际上这种行为的驱使已经将整个交易过程最终的命运交给市场，而不是由自己来决定命运的走向。

逻辑和思维从某种程度上来说是一种互换的关系，当此程式和现实价格出现碰撞或者对立时，你必须作出更为快速有效的决定，这则是思维的转换。而逻辑就是对某种思维的推理，思维的正确与否经由逻辑关系的推理你将会得到更加清晰的结论。交易则是在尊重事实变化中通过逻辑和思维的整合而作出的决定，即为主导交易成败的主要原因。

在股市当中要学习如何使自己的判断、认知与市场运动的实际和规律相结合，最终让自己的交易与股票的上涨节拍相吻合，从而渐渐

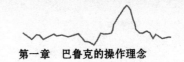

提高自己认识问题、判断问题的能力。能真正达到这个相结合的境界的人便会成为一个很谦卑、很有见识的有智慧、有修养、有悟性的人，也是一个很能放下自己的主观认为的人。

四、要摒弃从众心理，学会独立思考

"群众永远是错的"是巴鲁克交易理念的第一要义。他关于交易的许多深刻认识均是从这一基本原理衍生而来的。例如，巴鲁克主张一个很简单的标准，来鉴别什么时候是应该买入的低价和该卖出的高位：当大家都为股市欢呼时，你就应该果断卖出，不要管它还会不会继续上涨；当股票便宜到无人想要时，你应该大胆买入，不要管它是否还会再下挫。

人们往往惊异于巴鲁克的判断力，能够把握稍纵即逝的机会。为此巴鲁克解释说："我并不聪明，但我喜欢独立思考。人们看到苹果掉到地上，却唯有牛顿会去问为什么。"

巴鲁克认为，股票交易首先要有果断的思维，必须养成独立思考的习惯。没有独立思考，总是人云亦云，缺乏主见的交易者是不适宜参与股票交易的。假如不能有效运用自己的独立思考能力，随时随地由于别人的观点而否定自己的交易计划，一定会使自己的交易陷入困境。其次是必须严格执行操作纪律。有的交易者明明事先已经编制了能有效抵御风险的止盈和止损计划，而一旦现实中的盈亏关系到自己的切身利益时，通常就不容易下决心了：当处于盈利状态的时候，交易者会由于赚多赚少的问题而犹豫不决；当处于亏损状态的时候，尽管有事先制定好的止损计划和止损标准，然而往往由于犹豫而让自己

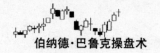

最终被套牢。

真正的理性交易者必须不看报，不看新闻，不看各种广为流传的信息，否则的话得不出任何正确的结论。一个能够得出正确结论的少数理性交易者，一定是与新闻隔离的。另外，很值得思考的问题是，面对一定起误导作用的媒体和新闻，为何有的人就能够保持理性？

交易者的核心竞争力是独立思考能力，独立思考能力就犹如马拉松运动员的腿那样重要。交易的原理就跟考哈佛大学一样，尽管一个同学高考成绩全是满分，假如此时所有的同学都是满分的话，这个满分不一定确保能上哈佛大学。只有在你的成绩为满分、其他同学的成绩较差的时候，这时的满分才能保证你上哈佛大学。交易的道理也是一样的，你正确地判断了趋势，不一定能够赚钱，只有是你正确地判断了趋势，同时大多数人都错误判断趋势，这时你才能赚钱。这样的赚钱机制，造成了股票操作的难度非常高，不仅必须正确，而且要在自己正确、其他人都不正确情况之下，才能赚钱！要实现此点，具有不随大众、不人云亦云的独立思考能力是根本。

巴鲁克在股票交易中所犯的第一个错误则是听从一个外行关于铁路公司的建议，结果他损失了 8000 美元。通过此次失败，他开始分析试图发现那些造成损失的错误。自我分析是巴鲁克最主要的学习工具。

股票交易不能听从他人的建议，必须摒弃从众心理，学会独立思考和研究。

所谓从众效应就是群体心理中非常常见的一种心理效应，它指的是居于群体中的个人通常会受到群体的影响和压力，进而表现出在知觉、判断和行为上跟群体多数人相一致的现象。比如，股票市场是由各种各样交易者所构成的一个大众聚集场所，因为股市充满着很大的

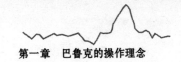

不确定性，交易者在作出交易决策时往往会以他人的行为作为一种社会参照。这就为从众效应的产生提供了温床。在股市当中，交易大众的心态与行为能够对交易个体产生影响，有的时候，这种影响甚至表现为一种无形的压力，让人不由自主地改变或者动摇自己原有的想法和行为，屈服于群体的压力。当股市行情看好的时候，人都会被"传染"成为一片乐观情绪，连忙抢进筹码；在行情疲软时，整个市场又被"传染"成为一派悲观气氛，从而引发恐慌性抛售，甚至一些原先不想卖出的人，因为眼看着电子屏幕上的数字不断地下跳，耳听到的是一片抛出的喧嚷声，因而也受到了感染，忍不住抛售一空。此正是股市中从众效应的一种表现。

正由于股市是一个很大的不确定性的市场，所以，其价位的高低通常由人的心理预期所决定，并不存在一个能实现帕累托效率的均衡点。那些置身于其中的人们往往会受市场走势的左右，从而失去主见。一旦被股市的波动牵着鼻子走，交易者往往会表现为一种从众心理，有的人甚至会认为肯定要跌，盲目跟进，而不用自己的脑子独立思考。

对于任何交易者来说，学会独立思考是最重要的。曾经有人问巴鲁克：假如出现问题的话，那你去请教什么人？巴鲁克答道：真正出现问题时，只能对着镜子说话。这表示真正的交易者是一个具有极强的独立思考能力的人，应该通过自己的思考去最终解决问题，必须做正确的事情和把事情做正确，交易成败一定来自思想层面的深深领悟。

所以，先要学会独立思考，根据自己的思考和判断去操作，以免受到外部影响。

股票操作首先要做到独立思考，其次要正确地思考，最后是不要让你的思考停下脚步，不要听信小道消息，是因为天上不会掉馅饼。

　　有这么一个笑话：一个石油大亨去天堂参加会议，当他进入会议室时却发现已经座无虚席，无地落座，因而他灵机一动，叫了一声："地狱里发现石油了！"这一叫不要紧，天堂里的石油大亨们都向地狱跑去，天堂里便只剩下那位后来的了。此时，这个大亨心想，人们都跑了过去，莫非地狱里确实发现石油了？因此，他又急忙地向地狱跑去。

　　这则是在利益驱动下的羊群效应，此效应来源于人类的群居本能，然而它却也抹杀了人类的独立思考能动性，让人们认为与大众趋同才有安全感，岂不知这只是一种虚幻的安全感，或是在羊群心理下的安全感。对于股票交易来讲，尤其是这样，跟随大众交易并不一定正确甚至可以说通常是不正确的，群体出错的可能性极大。正如巴鲁克所说的："我能够保证，市场永远是错的。应该独立思考，应该抛开羊群心理。"

　　独立思考的成果是很具有价值的，由于他人不如你了解得透彻，不敢多买入，并且了解这个机会的人也少，无人跟你抢。就算你这次独立思考不正确了，也是很有价值的。你至少会反思，从而督促自己不断填补知识空白，下次便会有进步。假如你总是人云亦云，不独立思考其背后真正的规律，则你永远也不会进步。

　　几乎所有成功的交易者都是孤独者。由于他们往往要做和大众不同的事。

　　不管是低买高卖还是高买更高卖，他们都应该保持独立的思考，为了与众不同因而做和大众相反的事是很危险的。他们应该有合理的解释为什么大众可能不对，同时预见运用相反思维所将引发的后果。这给予他们与众不同时所需的信心。从少儿时代，大家就深知合群从众的重要性。胡思乱想和奇怪的主意，会让你失去朋友，遭受嘲弄。长期以来人们已经习惯于"集体思维"，然而股票操作需要不同的思

维方式。假如股市绝大多数人都看好某股票，他们都已根据自己的能力入场，还有谁来买股让股市持续升得更高？相反地，假如大多数股民不看好股市，他们都已经脱手退场，那么股市的继续下跌区间也已经不大。若你随大溜，那么你将会在高点入市，低点退出，你就会失败。

大多数交易者看好或不看好大市是很难计量的，你主要通过研究"股市"来获得答案。这里强调的就是思维的方式。你从小学习的那些讨人喜欢的性格，比如听话、合群、不标新立异等均成为股票操作的障碍。

五、一旦作出决定，及时行动

作为一个投机大师，巴鲁克的投机经验主要依靠随市场行情的准确判断、坚强的意志和善于游说的本领。

正当巴鲁克在股市上呼风唤雨的时候，第一次世界大战让他进入了美国政坛。巴鲁克把握两者的时机无懈可击——在一路上涨的股票市场中大量购买，稳稳地持有这些股票为他创造了大量的财富；与此同时步入 20 世纪的美国政坛为自己找到一席之地，并亲自开创了国家战时的管理体制。

巴鲁克一直认为自己是一个投机者，提到投机，中国人总是认为是一个负面词汇。而巴鲁克对它的理解却不一样，他认为"投机"一词在拉丁文中的意思是"暗中查明情况并给予评判"。他重新对投机者作出这样的定义："评判将来并在将来情形出现之前即采取行动的人。"

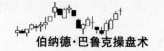

巴鲁克认为，要成为成功的投机者，应该做好三件事：

（1）你应该获得关于某种形势或某个问题的事实。

（2）你应该就这些事实所预兆的前景形成判断。

（3）你应该及时行动，以免为时已晚，再行动已经于事无益。要是等待所有人都看得清楚明白，一定是危险已经逼近或让我们很难控制。

这并不是说杰出的交易者具有一般人所不具备的第六感，而是他们有能力从繁杂的信息中理出头绪。很多人注重于今天发生的一切并假设今天发生的一切会不断延续，但杰出的交易者会看得更远一步，预想在什么情况下今天的情形会停滞甚或发生逆转。他们并不比一般人聪明，然而他们独立思考，不拘泥于成见。当他们看到变化的苗头，马上采取行动，绝不拖泥带水。

巴鲁克说，投机市场是古老而又新鲜的，存在市场交易便存在投机行为，近代的金融市场所形成的标准合约和股票，大大地提升了投机的发展和壮大，从而促进了市场的流动性。市场的职能则是促进交易向最大化发展。

巴鲁克认为，要想做一个专业的投机客，首先应该懂得什么是投机，所谓投机就是指交易者根据自己的判断，愿意承当一定的市场风险，所作出的买卖决定。它的要点在于投机经验，根据市场形势加以判断，同时演变为市场的买卖力量。假如没有经验，作不出正确的判断，那么不可能生存，如果正确的判断没有转化为市场的买卖力量，那只会形成纸上谈兵。

投机者的第一要素就是勇气，绝大多数人都曾发现过好股票，然而很难把判断变成交易，遭受恐惧的困扰，其主要原因，则是勇气不足。投机者的勇气就在于在合适的时机中把自己的判断形成买卖力量，错误便会付出代价，正确必然会得到回报，仅仅只是一个

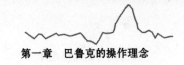
交易而已。只有这样才能克服患得患失。假如正确的判断没有较充分的转化为买卖力量，则百分之百的正确也于事无补。投机者的勇气就在于此。

巴鲁克给出了他心中投机者应具备的六大基本素养：

（1）自立。应该独立思考。不要情绪化，除去一切可能造成非理智行为的环境因素。

（2）判断。不要放过任何一个细节——沉思一会儿。千万不要让自己期望发生的事情影响自己的判断。

（3）勇气。不要高估，当一切都对你不利时，你必须要具备勇气。

（4）敏捷。善于发现一切可能改变形势的因素以及可能影响舆论的因素。

（5）谨慎。随和一些，否则的话无法做到谨慎。股市对你有利的时候，你更要谦虚。当自己认为价格已经达到最低点就开始买进，这并不是谨慎的行为，最好再等一等看，晚些买也不迟。执意等到价格上涨到最高点再卖出，这也不是谨慎行为——快些脱手则更安全。

（6）灵活。把所有客观事实与自己的主观看法综合起来考虑、再考虑。应该彻底摒弃固执己见的态度——或者"自以为是"。执意在某一个时间段内赚进某个数额的想法会完全破坏你自己的灵活性。一旦作出决定，就立即行动——不要等待、观望股市会如何。

巴鲁克就是具备这样素养的成功投机者。巴鲁克是美国著名的犹太实业家，他在30岁的时候，便成为令人羡慕的百万富翁。他知识丰富，智慧过人，曾经多次被美国政府委以重任。而其发迹，就归功于他那迅速的决策和行动能力。

巴鲁克确实注意交易机会。他在28岁时的一个星期天晚上，旅途中无意听说西班牙舰队在圣地亚哥被美国海军歼灭，这就意味着美西战争将要结束。巴鲁克马上意识到如果能在第二天黎明前赶回办公室

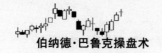

操作，一定能够大发一笔。然而苦于当时的班车在夜间不运行，他急中生智，急忙赶到火车站租下一列专车，连夜疾驰，终于在黎明之前赶到办公室。在其他交易者尚未醒悟时，巴鲁克倾尽全力果断出击，结果赚了个钵满盆盈。

通过巴鲁克其行为，大家可以反省一下自己：

一是你是否能从一条与决策没有任何直接关系的新闻中，获取有效的信息？

二是你获取了这条信息，是否能立刻作出相应的决策？

三是你作出了决策，是否能立即起身行动，而不是按照正常的作息规律行事？

四是你着手行动了，然而在行动受到阻碍时，是否有办法克服那些阻碍？

事实上，巴鲁克在面对第四个问题的时候，若不是果断地租用专列的话，他就不可能及时赶回自己的办公地点。若按照本地正常的交易时间，他也就不可能在第一时间里完成自己的交易。目前回过头来看，巴鲁克采取的措施，好像并没有什么特别，然而在那时候，正是这些措施让他作出了果决而迅速的决策。

成功的交易在于决断。有的时候，一个"莽撞"的操作甚至比优柔寡断要好，其道理就在于，市场中的机会通常是转瞬即逝的，交易者如果不能及时抓住时机，等待他的不是懊悔，就是损失。一般说来，在经过对市场行情的研判之后，能够发现较好的买入或者卖出的时机，这时，有没有决断力就成为交易成败的关键。

什么事一旦决定立即就付诸实施是成功者交易者的共同本质。审时度势接下来付诸行动的速度——这就是最出类拔萃的交易者所具有的真正才能和本质。

抓住机会！而只有行动最果断快速的人才能摘到机会之果。

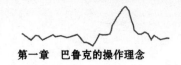

六、对未来的走势作出判断

巴鲁克认为，你要成为一名成功的投机者，必须对未来的走势作出判断。

判断市场趋势是形成有效交易策略的必要条件和基础。对于真正的交易来说，实际上并不需要特别复杂的分析，而只需要依据市场趋势和信号作出买卖决定就可以了。

巴鲁克是这样强调股票大市的重要性的：

"股票交易的诀窍就是在牛市中全力投入，在牛市将要接近结束时抛掉你所有的股票。"

股市就像羊群，那么，单独股票就如同羊群中的羊。当羊群向某个方向前进时，绝大多数的羊跟随着同一方向。股票也是如此，在牛市时，绝大多数的股票上涨；熊市时候，绝大多数的股票下跌。

这像做其他生意那样，顺势就是成功的基本保证。做服装生意的要卖流行款式，不要进冷门的式样。股票交易的道理也一样。无论你选了多好的股票，在大市往下的时候，它下跌的机会大过上涨的机会。

那么，如何确定股票的大市呢？

要想确定大市的走向，最主要的是每天要追踪股票指数的运动。例如，美国的道琼斯指数、日本的日经指数、中国香港的恒生指数以及上海、深圳的综合指数等。

利用技术分析的方法来判定大市的走向和走向的变动是最有效的工具。研究股票指数图，将它看作一只股票，看一看这只股票是处于

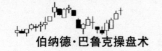
什么运动阶段，其运动是否正常？

注意每日的交易总量。假如股市交易总量巨大，然而指数不上涨，或者开市走高，收市低收盘，那就给你危险信号了。注意一下周围发生了什么事？央行是否要调整利率？周边国家是否有动乱？大市的转变往往有一个过程，它比单独股票转向来得慢。大市的转变可能需要几天，也可能是几星期，最主要的是感到危险的时候，你应该采取动作。

与此同时，你还要注意股市跌到底时所发出的信号。当股市下跌了许多，下跌到人们都失去信心的时候，你就会发现有一天股市狂升，可能上涨 1%或者 2%，交易量巨大，这通常是下跌到底的信号，大户开始进场了。然而这还不是进场的最好时机，被下跌套牢的投资者可能趁这个反弹卖股退场。若在这之后，股票指数突破上一个波浪的最高点，你能够证实跌势基本结束，是进场的时候了。

股市的运动连续不断地重复，你要认真研究以往的规律。以一份长期的综合指数走势图，研究以往所发生的一切，随着时间的推移，你就能够培养起对股票大市的感觉。

判断大市走向是非常重要的。很多新手花费大量的心思研究单独股票的基础层面和技术层面，并且他们认为再好的市场也有股票下跌，再坏的市场也有股票上涨，因此忽视大市的走向。为此巴鲁克强调：股票操作就是概率的游戏。如果交易者逆大潮流而动，那么其获胜概率就会大打折扣了。

把大市与单独股票结合起来考虑，是专业交易者们必须培养的心态。尽管这有一个学习过程，然而必须要在心理上不断提醒自己：大市不好的时候，不要买入任何股票。

必须记住：当街头巷尾的大众都在谈论股市如何容易赚钱的时候，大市通常已经到顶或者接近到顶了。大家都已将资金投入股市，股市

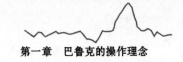

持续升高的推动力就枯竭了。而大众恐慌的时候，那么该卖的都已经卖了，股票的跌势也就差不多到头了。

判断股市大市还必须注意如下几点：

（1）大的政治环境与经济环境有什么变动？现在的企业越来越具有全球性，其他国家发生的政治经济危机也将会影响本国的市场。近几年东南亚发生的经济危机就是最好的例子。

（2）本国的经济大势如何？通货膨胀的情形怎么样？外汇兑换率是否有变动的可能？央行是否会调整利率？

（3）所谓的股市龙头有何表现？在股市将要到顶之前，你会发现股市的龙头股在大市到顶之前的一段时间开始疲软。

（4）垃圾股有何表现？在股市到顶的前期一段时间里，一些平常无人问津的小股票开始变得活跃并且向上涨。龙头股的价格已经上涨到买不下手的地步，社会游资就开始涌向三四线股票。

（5）每日收市的时候，有多少只上涨的股票？有多少只下跌的股票？

综合指数有的时候会被几只大股票糊弄。一只在综合指数占有很大份额的股票偶尔会影响真正的方向。例如，某一天有 1/4 的股票下跌，3/4 的股票上涨，然而 1/4 的下跌股票中可能有一只在综合指数中占大份额的股票，例如香港的汇丰银行，让综合指数下跌。在此情况下，综合指数并不完全反映大市的真实走向。

总之，股票交易最重要的就是认清趋势，这趋势是种很好的东西，不管是做短线还是做长线，顺逆趋势则是盈亏的关键。由于趋势就如同一个火车头似的，无论是小火车还是大火车，假如想在来路挡住它，则注定是要没命的；而若顺势，尽管上来得晚一点儿，至少也能够搭一段顺风车，此时你下到车站，至少心情是很轻松的。

那么，怎样简单地来判断趋势呢？以均线为辅，各种技术指标线

作为参考；在此基础上，只要你时常检查它们各自趋势的方向和这些趋势线是否相互印证就行了，假如互相配合得好，那你就不动，假如发现背离的情况，那你就傻一点儿，把它视为是一段趋势的结束及时了结另外再寻找目标就可以了。为此，必须补充几点：

（1）考虑到股价运行比较长时间之后达到某一方深度控盘（极度分散）或者高度锁仓（低位惜售）后量能背离的这一种极端情况，可以认为股价仍然在趋势中运行，关注并且一直到量能发生逆转时作出离场或者介入打算。有关指标的极度钝化也是同理。

（2）对于指标线，必须注意有些指标线是超前或者滞后的。在应用时适当作出一些调整就可以了。

（3）应用该简易趋势判断法，譬如能够与日K线、周K线、月K线结合起来通盘观察，那么更为准确可靠。

（4）这种方法更适合于判断中线趋势和波段操作。

（5）在目标横盘或者震荡方向不明的时候，你就退场或者不介入，这是应用简易趋势判断法操作的要点。

（6）必须要保持良好的心态，不能每天为股价涨跌而烦心。严格地按照法则、独立判断、相信自己，这是运用该简单趋势判断法操作盈利的要点。

必须记住：趋势，唯有趋势，才是交易获利的最重要秘诀，所有的赢家都是依靠趋势获利的，这是交易的真相或者本质。重大的牛市或者重大的熊市无非就是大级别的趋势运动而已。假如把牛市比喻为上山，则熊市就相当于下山。上山与下山都能够赚大钱，通过下山赚钱的速度更是快于上山的两倍以上。

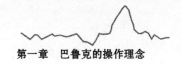

七、必须理解股市与经济之间的关系

巴鲁克把股市看作温度计，经济环境则就像人的体温。市场不会促进经济周期，只是反映经济周期，反映入市者对经济状态和未来的判断。他认为，经济形势走强的关键，就是强大的国防和良好的国家信誉。理解股市与经济之间的关系，理解市场怎么运转，这些能力，则是在股市中生存和成功的必要条件。

巴鲁克说，股价反映的是经济实情，而牛市高价则反映得过分乐观，甚至比悲观更加危险，其原因是，人们这时候会失去警惕性。为此，他在 20 世纪 20 年代中期到末期有过亲身的体会。换言之，在高效率市场当中，熊市与牛市同样重要，由于熊市会抵制乐观情绪，起到平衡市场的作用。此方面需要掌握的技巧，是了解你正身处什么样的环境中。

巴鲁克斯坦率说，他就是经济规律的遵守者。他认为，唯有敏锐地感知政治、经济等因素的变化，才能前瞻性地把握交易机会。

那么，经济和股市到底有没有关系？决定股市走势的最主要的因素是什么？

股市与经济有没有关系？不仅有，而且具有决定性的关系，宏观经济决定了股市的走势！

经济与股市就像一列火车，经济的车头从根本上决定了行情的力度以及持续性。不过，经济发展的轨道从来不是笔直的，永远会有各式各样的矛盾，因此，经济与股市必然有方向的偏差，有的时候甚至相反。就像弯道的火车，车头与车尾甚至会朝向相反的方向。这是由

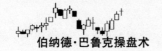

于，从政策的实施到产生效果，一定需要经过一系列的消化和落实，因此政策通常有滞后期，或长或短，极少会立竿见影。

决定股市走势的主要因素是，一是估值（市盈率），二是资金的供求状况或者说是资金面。股票实际上就是一种商品，因此，估值表明了价格的合理性。如果价格便宜了，那么自然资金会进来，哪怕在社会资金最紧张的时刻。而资金面表明了需求，如果有充足的资金，便会有根本性的牛市，便会鸡犬升天，垃圾股股价也会上涨上天。由于在资金最充足的时候，最便宜的商品则是资金本身，处处都是。

与此同时，决定市盈率的两个方面则是价格和盈利水平，盈利水平取决于经济发展的环境与速度，就目前的中国经济而言，取决于投资的规模与水平，而这个水平又取决于货币与财政政策。当然资金面则是直接由货币政策决定的。

因此，股市这个车厢的走势完全取决于经济车头的走势。亦步亦趋，尽管有时候看起来方向甚至相反。

有了这样的前提，大家才能判断股市的走势。

因此，大家对经济和股市的关系，必须要避免错误认识，否则极有可能犯大错、亏大钱，也可能错失很大的机会。

八、应当做一个全职业交易者

巴鲁克说过："不要投机，除非你可以将投机当作一份全职工作。我认为我的成功来源于我对市场交易的热衷，交易对我来讲，不仅仅是嗜好或者带来事业，而且是我的生命。我相信我注定就是要做一名交易员。研究市场行情和用资金来支持我对市场的看法，是我非常感

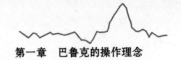

兴趣的生活方式。我认为一个人的成功是否，与其是否能够回应命运的感召有关，而与财富的多少无关。"

要对交易这行充满真正的兴趣和在这行获得成功的炽热的欲望。一个普通的愿望是很难战胜失望、沮丧、失败以及各种困难的，只有当它是一种炽热的欲望、一种痴迷和执着的时候，这通常才有可能，爱迪生每天几乎都在他的实验室里工作 18 个小时，他宣称每天其乐无穷，难怪他会取得巨大的成功。工作是这样，股票交易也是这样。所以要从内心深处去培养自己对交易的钟爱和兴趣！

若你没有天才的天赋，但你做事比天才更专注，那么便会大大超过天才。面对这个浮躁喧嚣满眼诱惑的世界，请你牢牢地坐稳冷板凳。操盘手大卫·瑞安这样说道："我热爱这行工作。尽管每天工作 8~9 小时，然而下班回家还会再花几小时时间研究股票。另外，周六我还会收到很多股市的统计图表，而我总会在周日用 3~4 小时专研。我认为，若一个人热爱其工作，成功的机会必然很大。"范塔普博士也认为："成为优秀交易员最难克服的有两大困难。一是缺乏从事金融交易的强烈意愿。除非一个人自己心甘情愿要成为优秀交易员，否则的话谁也无法引导他。我从来没有见过一个缺乏意愿的人能成为成功交易员。二是一个人始终不觉得自己的操作犯了错。这种人从来不承认自己犯错，所以他的错误会不断地重复出现。"还有操盘手艾德·斯柯塔也指出："获胜意志强烈的人，必须会寻求各种方法来满足其获胜的欲望。"

股票交易要取得成功，需要不少的专门知识，就如同在法律、医学或者其他任何职业想要获得成功需要很多专门知识那样，难以想象一个没有经过前期训练的人去开设一家超市，然后期望能够与沃尔玛展开竞争。然而股市中却有太多的人，甚至在不了解股票是何物的情况下，却高高兴兴地往市场里扔钱。

金融市场与其他的行业是一样的，你不是非常优秀只有两个原因：一是你所在的圈子都是非常优秀的，相比之下显出你的不足；二是你不太职业，简单地说，不太专业。雇佣兵与志愿兵比武，谁能够胜出？你一定也知道答案。

世上没有不优秀的交易法，只有不专业的交易者。这是一个需要职业交易者的市场，很多人赔钱是由于其不够专业，不是职业交易者。

有人说做短线操作的就是艺术家，必须要有灵感和盘感，做长线操作的就是工程师，必须要有毅力和耐力，实际上这说明职业交易者就像科研工作者那样，只有厚积薄发才能有所成就。

职业交易者首先要求知，了解股市运作规律、市场运行机制、市场主体以及盈利法则、自身问题以及交易策略等；然后再修行，给自己的操作行为制定一套准则和纪律，给自己的交易目标制定一套可操作方案等。只有这样，你的人生将趋向圆满。

巴鲁克的交易生涯说明这一点：

伯纳德·巴鲁克在1891年从纽约市立学院毕业之后，他加入豪斯曼公司，开始了华尔街的交易生涯。这是一家规模极小的经纪公司，他在这里做办公室杂工、跑腿和保养维修员，每周薪水为5美元。

为了自己的事业得到发展，他决定上夜校进修，学习会计课程。通过学习，他明白了如何分析一家公司的财务状况。另外，他还常常阅读《金融纪事报》。他坚持涉猎各个方面，想方设法多学习，特别是财经方面的内容。他还开始从事股票交易。那时候的保证金率仅仅是10%，这样，投资者在购买股票时，1美元仅仅支付10美分。

与很多人一样，巴鲁克最初的交易，也是先赚了小额利润，接着由于缺乏知识、经验、合理的法则与纪律，把所有的利润都赔了进去。最初几年里，他在股市打拼非常艰难，并没有多大起色。他的大多数交易是在统一证券交易所凭保证金买入少量的股票，通常每只买10

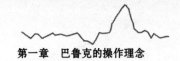

股，大多数股票都是工业股和铁路股。他甚至还曾经效仿过杰西·利弗摩尔，在纽约的投机商号试一试身手。可是，巴鲁克发现，投机商号这种快进快出的方法，他并不是很擅长。

他在股市交易中所犯的第一个非常大的错误，则是听信了他人对一家铁路公司的小道消息。这家公司将修建一条通向伊利湖上的一个岛屿的电车线路。他非常高兴，并说服他的父亲也投入了 8000 美元。最后这件事失败了，巴鲁克亏损了所有的钱。但父亲依然信任他，不久之后又借给他 500 美元，但由于这第一次的巨大损失，他有了亲身的体验。与大多数人一样，巴鲁克发现，应该赔点钱，以后的交易才能做得更好。

这次亏损给他上了很重要的一课，非常有价值。他开始分析自己遭受的失败，尽力确定是哪些错误造成了亏损。这将成为他整个交易生涯都恪守的纪律。这种自我分析，成为他最好的学习工具。对巴鲁克而言，赔钱的原因变得清晰起来。他认为，大多数赔钱都是来自对自己所操作的股票缺乏了解，例如，公司的基本面、公司未来成长的前景以及获利的前景等。

他把赔钱的另一个原因，归纳于交易超出了自己的财力范围。他发现，凭借微薄的资金是很难致富的，要在股市中获得真正的成功，需要的是时间。

随着巴鲁克不断地学习，他发现了市场真正的运转方式。例如，1893 年的恐慌造成了萧条，波及铁路行业，一直持续至 1895 年。早在 1893 年，巴鲁克就已成为所在公司的操盘手。市场萧条，他在替客户进行交易时，不得不比为自己交易更加谨慎。

在此期间，巴鲁克发现，当经济从萧条期复苏的时候，正是能够获得巨额经济收益的时候。1890 年至 1900 年初，时常可见经济萧条、衰退，并且衰退期比现在要漫长得多。经历了许多个经济周期之后，巴鲁

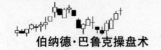

克看到了恐慌袭击、股价低迷时买进的价值。通过仔细的观察和亲身体验，他总是知道什么时候会复苏，什么时候是伺机而动的良机。当然，与绝大多数人一样，巴鲁克也发现，要想学会这点需要时间。

1895年，他的每周薪水从5美元上涨到25美元，但是，他在华尔街已经度过4年，他积累的个人财富却并不多。实际上，工资的上涨，让他的交易变得更加无利可图。他的交易仍然过于频繁，一次一次地输得不名一文。每一次的市场波动，都会使得他的交易更加频繁，亏损也就更多。这也是杰西·利弗摩尔早期曾掉入的陷阱之一。巴鲁克输得很惨，非常灰心，然而他没有退出，发誓必须坚持学习。他请求又一次提高工资，结果得到了公司1/8的股份。这样，他就成为公司的合伙人，这一年，他才25岁。其工作表现得到了公司最高层的积极肯定，职务不断地升迁。实际上，早期的这些经历，也成了他股市交易的练兵场。甚至成为合伙人第一年所分得的6000美元红利，他也输得一分不剩。

在豪斯曼公司，他还负责为客户公司购买其他公司的控股权。买入大量股票掌握公司控股权之后，他的公司从中获取佣金。几笔交易成功以后，他在豪斯曼的股份增加到1/3。

1897年，巴鲁克通过长时间的研究，用保证金购买了100股美国制糖公司的股票。在以后的6个月里，这只股票一路上涨，他就利用这只股赚的钱补仓。这种是在股价上涨时补仓的金字塔交易策略。该股持续上涨，巴鲁克就不断买入，与此同时，非常关注自己的仓位。他十分谨慎，为了不使收益冲昏了头脑。最后了结时，他获得了6万美元的利润。

1899年，因操作豪斯曼公司的股票成功，这成了巴鲁克股市生涯的转折点。这样巴鲁克有了足够的资金，在纽约证券交易所用了39000美元购买了一个席位。这笔交易使得其信心倍增，他的名字从

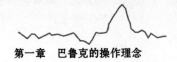

此进入纽约证券交易所精英之列。

在持续学习之中，巴鲁克的股票交易更为成功，他渐渐将股票交易当作一种投机。

他一生留下的财富多达 1400 万美元，而一生的捐款为 2000 多万美元。这是他与同时代的杰西·利弗摩尔一生最大的不同的地方。

他为股票交易而生，交易成了他人生的一部分，这是他的杰出之处。

正像巴鲁克自己所说："有的人在生活早期就已知道自己将来想成为什么样的人，他们的人生变成梦想如何成真的故事。坦率地来说，我的一生并非这样。我在个人志向方面通常为相互冲突的渴望所困扰。我生活中发生的那些巨大转折都是由突然出现的事件决定的。"这些事件成就了他的人生哲学和交易理念。

成功的交易者热爱交易，而且富有挑战精神，巴鲁克把交易当作自己终身所追求的神圣的职业，并在长期的交易过程中表现出十分顽强的品性。

第二章　巴鲁克的盈利法则

　　巴鲁克的许多盈利来自于出色的分析和研究。他认为，投机者应该像外科医生那样，能在一团复杂的肉体组织与相互抵触的细节中寻找出有重要意义的事实。

　　有人将巴鲁克称为"投机大师"，其中的原因之一就是他那种孤注一掷的风格。

　　实际上，果断正是巴鲁克出类拔萃的成功特质，特别表现在他能够抓住其他交易者慢半拍的时机。他完全凭借他敏锐的洞察力和过人的智慧，纵横驰骋于股票市场，把握其规律，掌握盈利的诀窍，成就了一个股市传奇。

一、把握稍纵即逝的机会

　　成功交易的关键是必须要眼疾手快。大家往往惊讶于巴鲁克的判断力，能够掌握稍纵即逝的机会，巴鲁克能敏锐地观察到市场上的细微变化，并作出快速的反应。

　　实际上，果断正是巴鲁克出类拔萃的成功特质，特别表现在他能够抓住其他交易者慢半拍的时机。他完全凭借他敏锐的洞察力和过人

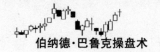

的智慧，纵横驰骋于股票市场，把握其规律，掌握盈利的诀窍，成就了一个股市传奇。

1897年3月，有一个巨大的机会降临到巴鲁克的头上。那时候美国参议院正讨论一项降低外国糖进口税的提案，与此同时美国众议院也在进行相关立法程序。假如外国糖因关税降低而大量涌入美国，则本土糖业公司面临的竞争将会很激烈，竞争的结果一定是糖价下降，从而造成美国炼糖公司利润下降，而它的股票也会相应下挫；假如提案没有获得通过，那么短期之内美国炼糖公司的股票将会继续上涨。

关于这项提案的讨论长达5个月时间，在这一段时间里，对未来趋势的预测也成了股市上的热门话题。巴鲁克分析降低糖进口税的提案不会获得通过，根据这个判断，巴鲁克花了300美元购买美国炼糖公司的股票，希望能够赚取一点利润。

然而这并不意味着巴鲁克只能买入价值300美元的股票，由于美国当时允许交易者进行保证金交易。简单地说，以300美元的保证金就能够交易价值10倍的股票。当年的4~5月，美国炼糖公司的股价为115美元，随着参议院议程的进行，到7月底的时候每股已上升到了139美元。在股价连续上涨的过程中，巴鲁克不断地买进卖出，把每一次所获得的利润再以保证金交易的方式投到他选定的股票上。这种滚雪球式的股票积累，在这短短几个月里，巴鲁克就交易了价值十几万美元的股票。

了解巴鲁克的人都觉得他是个狂热的赌徒，然而实际情况是，他喜欢在机会来临之际，作出一种近于疯狂的投入。但在具体的交易过程中，他的头脑却并不太狂热，相反还十分冷静和敏锐。巴鲁克懂得股票在异于常态的上涨过后，随之而来的则是快速的暴跌，整个市场会这样，具体股票也会如此。因此在这段疯狂投入的时间里，巴鲁克

不断地提醒自己要看清楚局势，一有下跌迹象就迅速退出。在这段时间里，巴鲁克持续地关注着行情的变化，随时准备从危险的陷阱中立即抽身而出。

这次巴鲁克的赌博成功了。美国参议院于8月初否决了降低糖进口关税的提案，这又一次带动了股价的上升。8月31日，传出一条关于美国财政部将禁止进口荷兰糖的消息，美国炼糖公司的股票马上暴涨，一天之内每股暴涨8美元！此时巴鲁克显示出了一个伟大投机家的本色，在股市最疯狂之际，他却是非常冷静的一个。就在股票涨得最疯狂的这一天，巴鲁克把手中的股票全部抛售，从而全身而退。果不其然，美国炼糖股票经过几个月直升机式的暴涨之后，开始渐渐回落。

这次疯狂的赌博是巴鲁克在一生中获得的第一次重大的胜利。他于4月投入了300美元，到8月的最后一天抛出所有股票以后，竟然获得了6万美元的利润！这里，信用交易背后突出了巴鲁克的政治眼光。

俗话说得好："机不可失，时不再来。"可见"机会"对任何事物都是非常重要的。在股票的"投机"之中，最重要的问题就是抓住"投机"的时机。

投机的大原则就是发现并牢牢地把握住时机。投机就是朝着价格运动阻力最小的方向而做的顺势交易，它所作出的买卖行为主要根据投机者的投机经验和交易系统，必须冷静分析，清楚地认识到事物运行的发展规律，静如处子，动如狡兔，如同狼似的捕捉时机。投机者最关键的是市场定位，投机的真谛是了解并发现时机，投机的最大悲哀就是与时机失之交臂还懵然不知。

时机又分为大时机与小时机，大时机是指整体大势发生转变的时刻，它指的是一个时间段。小时机是指个股体现出的上涨和下跌的时

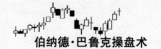

刻，有最佳的时点。善于发现事物的转折处与迅速发展的时刻，那么投机就成功了一半。"其盗机也，天下莫能见。君子得之固躬，小人得之轻命。""观天之道，执天之行，尽矣！"中国先人早就明白了事物的发展规律是永恒不变的，最关键的是发现时机，运用时机来进行"投机"。"君子见机而做"，讲的就是这个道理。

机会到来，不要犹豫，不要过于小心谨慎。好的时候不是常常有的，不要迟疑，该出手的时候就出手。

对于股票交易而言，缺的并非时机，而是把握时机的能力和水平。

那么，如何才能把握稍纵即逝的机会呢？这是个很值得思考的问题。为什么没把握住机会？为什么看到了机会却没有行动？

看到了机会却没有行动最重要的应是心理问题。这心理问题产生的背景不是空仓资金等待机会的背景，就是持有其他品种面临是否换股的背景。怎样去理解呢？

一是空仓资金等待机会却没有行动。

空仓资金等待机会的背景，在此背景下，假如是看到了却没有行动，更多的就是担心害怕或者是想等待更低的位置介入所导致的，然而大多数时候，如此的背景，自身有着比较大参与市场机会的欲望，所以，看到了却没有行动的概率不大，只是这行动是否能够立刻到位而已。

二是持有其他品种是否换股背景却失去机会。

持有其他品种是否换股的背景，在此背景下，极易出现看到了机会却没有行动的情况，道理极其简单，大多数人都不愿意放弃手中已有的品种，心中总是认为手中持有的品种处于随时暴发的状态，或是担心一旦换过去，手中暴发起来就会后悔，总的来说，看到了机会却没有行动，最主要的原因就是手中品种在心中产生了很大的阻碍。当然，同时也是由于对看到机会的品种在心中觉得把握不大或是信心不

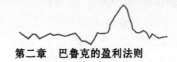

足，无法做到真正割舍过去追逐当下。

因此，面对这种情况，你是否要思考一下，怎样才能克服这样的心态呢？

（1）交易前一天晚上已经做好细致研究部署工作。

对看到机会的品种必须研究透彻，而不只是直觉而已，最佳的方式是，在交易的前一天晚上，其实就已经作出了细致的研究部署工作，已经大概预测其有可能发生的情况，市场一旦发生这种情况，只是验证了自己的判断而已。假如有前一天作出细致的研究部署工作的话，则面对这预料中的机会，就完全能做到多一分果断，少一分迟疑，哪怕最后错了，也没有什么后悔。

（2）以平和的心态面对交易品种。

交易者进入这个市场，其目的十分简单，就是赚取差价，使利润最大化。既然是赚取差价，那么，当自己手中品种这样的机会明显要弱于研究的新品种的时候，特别是在做短线的过程中，是应该要有所觉悟，有所舍弃，千万不要收藏之。我们抱的心态应是平和的心态，这样也许就能放松许多，就会舍去很多不必要的干扰，自然就能轻松地面对一些值得把握的机会。

你要认真的是研究和操盘，而不是对交易品种本身的认真，那只是一个媒介而已，通过媒介你要达到进入市场的目的，当然，你并不是要对交易品种绝情，你可以圈定一定的范围，视为自己交易的区域，这些是自己喜欢并已经了解的品种，不断地并反复交易，假如你对某一品种很有信心也十分钟爱，那么，在短线交易以后，再买回赚股数也不失为一个很好的交易策略。但是，在此过程当中，必须有亏股数的心理准备。

二、股市的盈利，在于出色的分析和研究

巴鲁克的许多盈利来自于出色的分析和研究。他认为，投机者应该像外科医生那样，能在一团复杂的肉体组织与相互抵触的细节中寻找出有重要意义的事实。接下来，投机者还必须像外科医生一样，能以自己眼前的事实为根据，并且思路清晰地进行交易。

巴鲁克于 1904 年初听到 SooLine 公司准备新建一条西向铁路，来提升自己的小麦运输能力。对此他进行了深入的调查和分析之后，开始买入 SooLine 公司的股票，其股价为 60~65 美元。瞬间谣言四起，传言该公司这条线路的潜力达不到当初的设想。巴鲁克并不理会这些外部传言。他决定吸取过去的教训，不受外部的观点影响和不被观点所左右。这一年小麦获得了大丰收，SooLine 公司的收入增加了 50%，而每股也上涨到 110 美元。他不断地对这家公司加以分析，以此对其前景进行预测。此次，他认为，这只股票的高价位将得不到支持。因此，他在暴跌之前就卖出。

巴鲁克以为，这次盈利，主要依靠他出色的分析和研究，以及不断丰富的理解股价走势的经验。对股市来说，要想能改变自己的观点，不要在情感上限于某个方向（熊市或者牛市）。从这次交易中能够看出，巴鲁克是怎么通过分析和研究，按照自己深信的事实采取行动的。在认为形势出现转变的时候，他能快速改弦易辙，是在 SooLine 公司的交易中成功的主要原因。

1901 年 7 月，股价果然开始下挫。9 月 6 日，麦金利总统被暗杀者枪击，一直昏迷不醒。巴鲁克决定开始做空市场，其因是当时整个

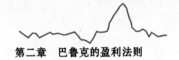

国家处于不安定状态，无法确定会出什么乱子。他敏感地认识到，铜的供应一定将会超过需求。在当初的做空证明判断正确之后，他在这只股票下挫中扶持放空。以每股 60 美元抛售，他获得了 70 万美元的利润。这次交易，还让他坚信，应该坚持研究并依靠事实。

巴鲁克认为，股票投机者自始至终要面对一个问题：就如同解开盘缠错杂的绳结似的，必须要分清哪些是冷冰冰的确凿的事实，哪些是大家对待这些事实时表现出的热烈情感。相比较之下，没有多少事情做起来比这更为棘手。成功投机者面临的挑战，是在处理事实的时候，怎样让冷冰冰的事实摆脱温热的情感。

巴鲁克明白，股票交易成功之道，则是要全力投入。是因为挑战非常严峻，应该全神贯注。他认为，要成功操作股票，就要像做医生和律师一样。股市与其他任何值得追求的事业一样，都必须要有高度的警觉。

成功的交易者在操作中一定会严格遵守其交易法则，在认真观察市场动态的同时，还要努力地做好功课，收集许多重要的统计资料，仔细地分析，寻找经济转变的动向。

任何一次交易的成功都不是轻易得来的，是交易者刻苦努力的成果，这些努力其实就是要事先做好必要的功课，随着投资市场规模的持续壮大和投资品种的日益火爆，机构投资者比例的连续壮大，投资理念更趋向理性，市场整体的波动幅度会渐渐地缩小，投资价值的发现与把握将更多地依靠专业研究来实现，研究创造价值的时代已经出现雏形。

投资者对于投资的态度是不相同的，通常来说产业长期一定是上涨的，所以买产业做投资的人在买进时基本都已经做好了长期的准备，不会轻易地在短期内卖出。这道理看似很简单又直接，然而正是由于对这一点的把握不同，造成了投资产业的人达到致富的目

标和程度不同。

然而买股票做投资的人却是刚好相反，他们只是看短期。从买入的那一刻开始他们就已做好了短期的准备。这样他们会见利套利，用一种投机的心态，将股票视为商品一样来买卖。公司赚钱还是亏本是公司的事情与他们没有关系，尽管他们就是公司的小股东，他们认为根本都不用做功课，他们中间多数人的理由是：反正短期之内我就要卖出，公司赚钱还是亏本是以后买入的人要考虑的问题，并不是我要考虑的问题。

实际上，股票交易和产业投资都是一样的需要长期才能见功效，问题就是品质好的股票长期才能增值。年年亏大本的烂股根本无前途，每分钟均有倒闭的危险，越长期就越危险。

人性都有一个弱点，那就是怕输不怕赢。买入后若股票价格下跌，他们便会死守不卖，他们有这样的想法：不卖便不算亏，买入股票是为了赚钱，哪有亏本卖的理由？此时他们会安慰自己：股票交易是看长期，短期的震荡算什么？你看专家也是这样讲。然而他们买入时由于是用投机的策略，因此都没有做功课，根本就不了解公司的基本情况，假如刚好买到的是好股，长期持有就是正确的做法。然而买股票是不能靠运气的，依靠的是实实在在的功课准备。

人的心理也是如此，股票都已经买入，价钱都已经赔了，哪里还有心情去查其底。就算查到它是烂股又怎么样？难道要我赔钱卖？因此我们必须要在买入时做好功课，不是好股不要买入。

正是这个原因，通过股票交易而致富的人就成为极少数。相对而言，投资产业而致富的人就成为绝大多数。其实股票交易的回报要比产业高，只是股票交易者和投资产业的人的心态不同才导致了这个偏差。

因此，不管操作股票还是投资产业，只要你做好功课，认真地分析市场动态，掌握市场行情，那么你必然能获得应有的收益。

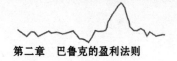

三、在不同交易所之间进行的套利

巴鲁克的发家史跟《货币战争》中的罗斯柴尔德家族极其相似，他在不同的交易所之间做套利。

1896年5月26日以40.94点创建道琼斯工业股票平均价格指数，到了这年8月8日突然下跌到了24.48点，这是历史的最低点，然而三年之后，即1899年夏天又上涨两倍到了77点。因此，在华尔街上获得的每一笔财富都并非是一帆风顺的。由于预测股票的走势极易出差错，有的时候你过早地买入了，有的时候又太晚地卖出；有的时候虽然你作出了正确的判断，然而极有可能赶上背运而错过良机。

最初的时期巴鲁克是在伦敦和纽约市场之间进行套利。因为那时候战事频繁，运用战争间隙股票市场的震荡来赚取差价，这样不仅锻炼了年轻巴鲁克的判断力和快速反应能力，而且还凸显出他较强的预见性和有勇有谋的一面。

也就是说，巴鲁克有这样的一个习惯，那就是每天对比伦敦股市和纽约股市同一股票的价差，接着从中找到赚钱的机会。他的操作方法是，在星期一早上，同一种股票的两地股票行情一般会存在较大差异，则他就会在低价位的股市买进而在高价位的股市中抛售，从中获得很大的收益。巴鲁克最擅长的一件事就是，在星期一用最短的时间发现伦敦与纽约市场上价格差异最大的股票，接着通过套利买卖使两地的价格趋平，并且从中获得暴利。此方法可谓屡次得手，巴鲁克依靠这种投机获得了大量的利润。

巴鲁克这种盈利法则很值得中国投资者借鉴，在香港股市和中国

内地同一个股票的 H 股和 A 股有巨大的价差，因此，交易者能从比价关系的稳定性及其制约作用中找出投资机会。

不同交易所之间对上市资产的定价可能差异很大，A–H 股的价格差异就是很明显的例子。产生差别的原因首先是由于不同市场的交易者构成不一样，资金成本不一样，投资偏好也不一样——例如纳斯达克的交易者对高科技股票就很喜爱；中国企业去海外上市时，因为当地交易者不了解以及对财务质量的不放心会造成估值较低；A 股市场就是这种独特的市场，特别是因壳资源的稀缺，导致 A 股市场对小盘股、绩差股的估值大大超过其他市场。交易所之间的估值差别让从中进行资产证券化的套利变得比较有吸引力。

对套利操作来说，通常形式是，一些海外上市的中概股经过私有化退市后转移到其他交易所重新上市，或是退市后再把原上市资产重新注入其他市场上市公司，从而实现再次的资产证券化。还包括 A 股上市公司对海外的上市公司加以收购，以希望获取这部分资产由于切换交易所带来的估值提升。最近几年来已有数十起证券化套利的案例，几乎均是由新交所、纽交所等其他市场转向本国投资者比较多、资金充沛、估值比较高的中国香港市场或者 A 股市场。

从新加坡市场转到中国香港上市的案例比较多。比如中国旺旺在新加坡股价长期被低估，最后公司董事长以 2.35 美元收购全部流通股私有化退市，退市价格对应的总市值为 30 亿美元，200 天之后旺旺剥离了非主体的医院、房产等业务，以核心的食品和饮料业务登陆港交所，上市第一天市值超过 300 亿元人民币。其他从新加坡市场转板到港交所的比如四环医药、绿叶制药、千百度女鞋、蜡笔小新食品以及敏华控股等，估值水平都获得了比较大的提升。

在美国上市的中概股，也有很多私有化退市后再转向其他市场的案例。中概股整体估值普遍偏低，然而很多中概股业绩却呈现高速增

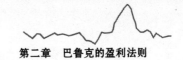

长，与股价表现形成鲜明对比。比如贵州同济堂药业，由于美国投资者对中药的不熟悉和不信任，2008 年下挫至 4 美元时市盈率不足 10 倍，最后复星医药的子公司复星实业联手其他公司以 20% 的溢价全面收购并且退市。这次收购中复星实业以 2809 万美元持有同济堂 32.10% 的股份，几年之后付出 8.47 亿元人民币将所持有的股权卖给了香港上市公司盈天医药，获得巨大的利润。

转往 A 股市场的案例也许多。比如在中国台湾证券交易所上市的环旭电子以 40 亿元人民币私有化之后，经过两年并购重组重新在上交所上市，营收和利润比退市时增长 20% 左右，上市时总市值达到 100 多亿元人民币，现在市值达 300 多亿元人民币。在新加坡间接上市的南都电源 2005 年被控股股东 Pakara Investments 以每股 0.085 新加坡元收购之后私有化退市，收购价格对应市值只有 623 万新加坡元，2010 年重新到 A 股创业板上市，上市第一天市值就突破了 100 亿元人民币。当然因 A 股 IPO 的限制很严，许多公司只能选择资产注入将退市资产重新证券化。曾经在纳斯达克上市的中概股北大千方（现在为千方科技）通过借壳 ST 联信回到 A 股中小板，在对联信永益的资产注入中获得 23.48 亿元人民币的作价，大大地高于退市时的 1.46 亿美元。在纽交所上市的中安消资产估值为 28.59 亿元人民币注入 A 股上市的飞乐股份中，在 A 股重新上市，现在市值为 70 亿元人民币，估值水平也比退市时有很大的提升。

套利的总体规律是跟随套利活动的增加，套利空间会渐渐收窄甚至消失。然而因国内投资者进行国际投资依然比较麻烦，并且受 A 股市场中国特色等因素影响，此证券化套利的空间将长期存在，特别是与 A 股市场之间，预计将来还会有很多海外已上市资产选择以不同方式回到 A 股市场套利。

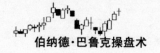

四、逆向交易

鉴于那时候并无太多企业的价值理论，巴鲁克对真相的信仰可能只是供需理论。不仅那时候，而且还包括目前，狂热的乐观情绪导致人们相信郁金香球茎的价格会永远上涨。巴鲁克对这却洞若观火，总是明白在最脆弱的节点（价格大大超出价值的时候）反戈一击，成为在他的时代空前成功的总逆向操作者。

巴鲁克说："在大衰退中，大家觉得好时光永远不会再来。他们不能通过绝望看到迷雾背后充满阳光的未来。假如此时满怀对国家未来的信心，购买证券并等到市场重归繁荣，将会获得巨大的回报。"

股市中大多数人都是追涨杀跌的盲从者，均是想随大溜赚上一票，结果却刚好相反。顺势而为看起来非常容易，然而股市大众的疯狂之势却永远很难预料。要想在市场中获胜，最好的方法是远离市场的疯狂，冷静地思考投资价值，逆向操作，在市场疯狂上涨的时候及早卖出，在市场疯狂下挫的时候及早买入。

在人们一哄而上的时候，巴鲁克总是冷静地袖手旁观；当人们冷静的时候，他却是热情倍增。这种反其道而行之的风格，正是巴鲁克独特的地方。

要想交易成功，应该抗拒集体主义的从众心理。所以，巴鲁克交易理念崇尚逆向交易，抗拒交易上的非理性的从众倾向。金融界有句人人皆知的名言："当别人贪婪时，你应该恐惧；当别人恐惧时，你应该贪婪。"逆向交易的精髓在于：防止自己犯错误，运用他人的错误。因此，交易者在股市中，不要当集体主义者，要当个人主义者！

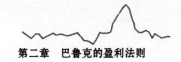

　　巴鲁克对群体的盲动有了更深刻的体会。他意识到，对有独立思考能力的个人来说，大家一般是明智而富有理性的。当成群结队、情绪互相影响的时候，全部变成了笨蛋，总是在股市上扬的时候非常兴奋，而在它下挫的时候又非常沮丧。巴鲁克嘲笑道："股市存在的目的不就在于让尽可能多的人成为傻瓜吗？"因此巴鲁克相信，既然群众永远都是错的，那么要想在交易中获利的话，必须与大多数人逆向操作才行。正是由于巴鲁克这种特立独行的交易风格，使他获得了"独狼"的外号。

　　股价具有许多规律和特征，巴鲁克以为，股价呈现波动性是它的主要特征之一（股价通常会"上涨过头、下挫过头"）。

　　股价的变动是在群众性疯狂的背景之下，往往会走过头，"显然"已经被高估了的股市有的时候还会被进一步高估；在达到最高价格之前，每一次卖出都被快速证明是错误的。股价下跌时，同样也是这样的。

　　如果这样愚蠢的行为能够继续存在下去，那么一个真正理性的交易者始终有望运用大众的疯狂为自己谋利。巴鲁克说，有着常识的个体极易觉察到集体的疯狂，个体将会借此获得很大的利润。

　　由于人性贪婪和恐惧的弱点，人类往往出现"乌合之众"的特征，股市泡沫和低迷几乎很难避免。巴鲁克认为，我们可以充分运用泡沫和大众的无知来连续稳定赚钱。

　　股市并不能保证全部人都赚钱，只有少数人能够赚钱。要想做赚钱的少数，就应该学会与大众想的不同，就应该要学会进行逆向思维。学会与大众不同，并非说大众必然是错的，也不是说只是大多数人看多，我们就要看空，或大多数人看空，我们却偏偏要看多。大众并不总是错误的。大众在很多情况下是正确的，只在关键的转折之际才是错误的。要操作好股票就要学会逆向思维的艺术。不仅要学会在大多

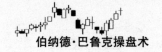

数人正确的时候与大众一致，而且还要学会在关键转折时期所有人都惊人一致时变得与众不同。

"岁月使我明白，无论何时远离群体，群体均会责怪你，甚至斥骂你，会说你'太不理性'甚至'疯狂'。"罗杰斯说，"当然，对于一个投资者而言，这是一件好事：似乎每一次我不随大溜，我都能赚到许多钱。"

实际上，中国古人早就已经总结出这一经典理念了。"人弃我取，人取我予"，被司马迁作为出奇制胜的重要策略。这句话来自于《史记——货殖列传》，《货殖列传》蕴含了许多中国古代人的理财思想。

股票操作必须要学会逆向思维，要反大众而为。然而，必须要看阶段。逆向思维不等于逆市而为，不要错误理解。例如顶部下跌的初期，他人都逃命，你去接飞刀，这不是逆向思维，是无知找死。然而当股价跌得很深，他人都不敢买进时，你却敢与主力一样悄悄买进，这则是正确的逆向思维。

那么，如何逆向交易？

随着对逆向交易认识的不断加深，越来越发现逆向交易的精髓不在于择时，而在于选股。逆向交易者要买的股票一定不是当下市场的热点，买进的是目前不被人们看好，然而以后半年内会出现起色的公司。

人们对逆向交易的理解往往是和市场反着来。人弃我取，人取我予；别人恐惧的时候贪婪，别人贪婪的时候恐惧。在股票操作中需要解决两个问题：第一，买什么；第二，什么时候买。这两句话看似解决了这两个问题，买他人不要的东西，在市场恐慌时买入。就如同"早睡早起身体好"那样，这种表述一定没有错，然而这是一个很粗浅和模糊的认识，对于交易的实际指导意义并不大。

巴鲁克指出，我过去一直认为在下跌时买入，在上涨时卖出就

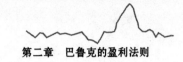

是逆向交易，觉得择时才是很重要的事情，因此一直在训练自己寻找更精确的买卖点，将"在下跌时卖出，在上涨之前买入"作为自己的终极目标，有一点缘木求鱼的味道，结果很不理想。随着对逆向交易认识的不断加深，越来越发现逆向交易的精髓不在于择时，而在于选股。

择时是股票操作中很难做的事情，需要连续研判趋势，错误的概率很大，假如不能协调好长周期趋势与短周期趋势的关系，极易把节奏搞乱。因此做来做去都是在做不确定的事情。举一个例子来说明，你在一只股票下跌15%以后买入，然而买入之后又下跌20%，此时基本上已经代表你做错了，应该考虑止损的问题。同一只股票，假如你由于看好而买入，那么再下挫20%你也会选择继续加仓。为什么买入同样的股票，后一种情况你会大胆加仓，而前一种情况则是怀疑呢？原因就在于第一种情况你关注的是买卖点，由于你是低点买入期待反弹，继续下跌表示你判断出错了；而第二种情况你认可的是股票本身，看好股票的逻辑没有错的情况之下，越下跌表明价格越划算。因此选股才是逆向交易的基础。我过去一直会为自己买入过早而痛苦，如今则敢于越跌越买，正是建立在对自己所选股票的确定性之上。

解决了什么时候买入的问题，结论是什么时候买入并不是问题，买什么才是最关键的问题。那么如何用逆向交易的思维去选择股票呢？

逆向交易者要买的股票一定不是目前市场的热点，由于当下的热点往往价格会比较高。这些股票将来会成为热点，当下的低迷或不被关注只是暂时性的。这要求交易者在行业的判断上需要有一定的前瞻性，此外在个股的选择上需要基本面判断的功底。逆向交易属于价值投资的分支，选择个股的时候会更多考虑价值被低估的企业，买入持有等待行业的好转，享受估值的修复以及新的增长带来的双重上涨动

力。也就是说，逆向交易买入的是目前不被人们看好，但将来半年内会出现起色的公司。

我们选股有了方向以后，剩下的事情就是如何在更便宜的价格时买进，实际上又回到了选时的问题上，不过目前的探讨就有了根基，买入价格高一点低一点会影响到收益，然而不会犯原则性的问题。

怎样买在低点是一个难点，巴鲁克认为，首先对低位的定义必须要明确一下，不要追求绝对的低价，低价是一个相对的底部区域，假如追求最低点，结果很可能是错过，由于绝对的低点转瞬即逝，并且噪声很多，要把握住实在比登天还难。把握底部区域更容易一些，目前看来也许买入以后又下跌了 10%，然而再过两个月一看却是十足的一个大底。此外从摊低成本的角度，每次都买入在相对低点，平均下来价格还会很不错。

下面是关于择时的几个重要的因素：

（1）耐心非常重要。耐心对于择时就像选股之于逆向一样，是重要根本。一只好股票知道后面会上涨，目前跌了一点比前两天的买入成本低了不少能不心动吗？然而必须要看下跌趋势处于什么阶段，离支撑还有多远，下挫的极限空间有多大，在坏的情况下支撑是用以打破的。假如你由于耐心错过了也没关系，首先你应该庆幸避过风险了，其次要明白市场是永远不缺机会的。

（2）分批建仓十分必要。判断低点非常难，不妨进行分批建仓，这样尽管判断错了也还有子弹继续在更低点买入。最好总是留一些子弹在右侧底部已经确立以后再买入，尽管这样看似不符合逆向，然而很多时候这个价格比你左侧买入的还要低，最主要的是你上了一个保险。

（3）急跌的时候要敢于买入。对于由于市场原因急跌的好股票，特别是发生在下跌末期的恐慌性杀跌，此时市场失去理智，不要谈基

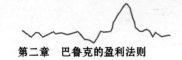

本面，剩下的只是恐慌，那就是捡大便宜的时候。假如一家好公司由于一些利空事件出现大跌，然而这种事情对公司的长期发展又不会产生很大的影响，那么也将构成买入的机会。

（4）要不断地关注基本面变化。对于上市公司必须持续地跟踪，在公司基本面发生改善迹象的时候，例如需求回暖、新产品上市、提价、原材料价格下降，特别是这些利好已经反映在财报中，季度环比出现明显改善迹象的时候，此时可以加快建仓的速度。

（5）运用技术面加以辅助判断。通过技术分析，特别是趋势的分析来判断底部，可以应用到的指标包括趋势线、波浪理论、量能等。

五、善于做空

巴鲁克是一个做空的高手，他认为，做空是一种有益的交易方式。所以，他坚持认为投机交易不但十分必要而且是很值得称道的一种交易方式。下面是巴鲁克做空的故事：

"黄金归于你，白银归于你，哦，众神之主……"在这个"三一教堂"大主教的祷告声当中，纽约证券交易所新楼在1903年春建成。新楼的交易大厅的面积比老楼扩大了60%。临街的建筑立面上矗立着六根科林斯式立柱，上面是一组大理石雕像，中间的图案象征着团结与正直。新的董事会办公室装饰着象征胜利的棕榈树、花卉以及国旗。交易所董事长在落成仪式上将这幢建筑视为美国的象征，"代表着我们在通向至高境界的前进道路上的很多突出变化之一"。

在这些祝贺的人们当中巴鲁克更有理由欢呼，由于他已经完成了个人交易生涯的飞跃——从一个经纪公司的合伙人到独立投资公

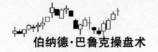

司的老板。

1902 年 7 月，巴鲁克正在欧洲休假，却被豪斯曼的求救电报所打断，匆忙地从巴黎赶回纽约。当初巴鲁克成为证券经纪人是从受聘于豪斯曼公司开始的。豪斯曼被称为"摩根的经纪人"，这时候正身陷困境。豪斯曼为自己和一个客户购买了两只铁路股的大笔股票，不料股票不上涨反倒下跌，豪斯曼不得不求助于巴鲁克来筹措大量的资金。巴鲁克亲自为豪斯曼筹得很多资金，并帮助他渡过了难关。他为自己在关键时刻能助朋友一臂之力而高兴，然而他却打定主意从豪斯曼的公司撤出自己的股份。一是他与豪斯曼风格不一样，豪斯曼是一个盲目的乐天派，巴鲁克对此无法苟同。而最主要的是，这时候巴鲁克羽翼丰满，不想再依靠任何一个人。在巴鲁克的心灵深处，他有一个理想，那就是不再只当一个经纪人，利用他人的钱来为他人操作股票，而是当一个独立的投资商，运用自己的资产来进行交易。在 20 世纪之初，这真是异想天开的想法啊！

巴鲁克在做经纪人时就显示出过人的胆略。他当初热衷于定金交易，运用相当于股价的 10％的一小笔定金，以股票当作抵押，来控制由客户提供的 90％的一大笔资金。一旦股票下挫，经纪人则通知客户，由他们决定是否追加投入，假如客户不愿意，经纪人就立刻抛出股票并用自己的定金弥补损失。不过，若赚了，那则是他的盈利。巴鲁克一度热衷于这种以小博大的游戏。此种高风险的游戏不仅满足了巴鲁克的冒险天性和出人头地的强烈愿望，而且还锻炼了他的眼光和胆识。

巴鲁克还参加了联盟烟草公司收购利吉特＆梅尔斯烟草公司的操作。那时候的美国"托拉斯"之风十分盛行，烟草业两大巨头美洲烟草跟联盟烟草展开了购并大战。在这场大战中巴鲁克不但运用自己善于交际的特长出面游说，而且还承担了一项特殊使命：利用卖空的方

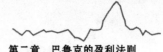

法打击美洲烟草的股票。由于该股票流通股很少，他选择了在场外交易市场卖空其分公司大陆烟草股票的战略，具体方法是在其坚挺的时候卖出，疲软的时候买入，价高的时候做空，价低的时候吃进回补。他表现出了高度的做空技巧，大陆烟草的股票从 43 美元下跌至最低30.5 美元，同时还在波段交易中赚了一票。此收购大战最终以双方的妥协告终，巴鲁克最终赚取了很多利润。

真正表现出巴鲁克雄才大略的，就是他在铁路建筑业北太平洋公司股票上的突出表现。巴鲁克一开始做出了误判，在它的股价上扬的时候放空，错过了赚钱时机。当得利盘兑现沽空的时候，市场上出现了卖空热潮。这时他却吃一堑长一智，一边低价购入该股票，一边却做空其他市场热门品种。原来他得到了内幕消息，北太平洋股票大起大落的主要原因是铁路建筑业两巨头的较量。他判断股票暴跌之后一定会暴涨。果然行情演变成一场轧空热潮，做空的人们不得不抛出手中的热门股票高价买入北太平洋，股票市场短期融资利率高企，有不少人甚至买不到北太平洋股票。这样巴鲁克又赚取了一大笔钱。他因而成为做空专家，有的客户愿意支付高额佣金让他专门进行做空交易，巴鲁克渐渐成为华尔街著名的人物、一个媒体关注的公众人物。

那么，什么是做空交易？

做空交易，也称"空头交易"。当做空交易投资者认为未来的股票、证券以及期货品种的价格会下跌时，就要缴纳一部分保证金，通过证券经纪人借入某种股票等先卖出，等待价格下跌到一定程度后再买回这些股票等交还给借出者，投资者在操作过程中获利，此做法称为做空交易。

做空交易通常包括以下几个步骤：一是开设信用交易账户。二是客户进行融券委托，并且按照法定比例向证券商缴纳保证金，证券商

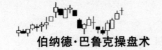

为客户卖出证券，并以出借给客户的证券完成交割。卖出证券所得存于证券商处当作客户借入证券的押金。委托卖出的证券价格上升时，证券商要向做空客户追收增加的保证金，否则的话将会以抵押金购回证券平仓。三是当证券下跌至客户预计的价格时，客户购回证券，并且归还给证券商，如果客户不能按时偿还所借证券，证券商可以强行以抵押金代其购回证券平仓。

做空者进行做空时所卖的股票业源主要有三个：自己的经纪人、信托公司以及金融机构。

对于出借股票的人而言，向做空者出借股票是极为有利的，因为这不但能为客户提供全面周到的服务，而且还能让股票升值。无论股票的出借是以收取利息为条件，还是以股价的升值为条件，对出借者来讲都是一种收益。同时，出借人通常还会采取措施来保护自己，手段是做空者出卖所收取的价款存入经纪人账户。

按照做空者目的不同，做空主要可以分为三种类型。

第一，投机性做空。做空者出售股票的目的是预计该股票价格的下挫，到期的时候再以较低的价格吃进同样的股票，两种价格之差就是优质做空者做空的利润。这种做空的投机性强，风险较大，利润也较大。投机性做空对股票市场有比较大的影响，当做空者出售股票时，股票的供给就会增加，股票的价格也会随之下跌；再吃进时，股票市场需求就会增大，价格也随之上升。

第二，用于套期保值的做空。这种做空的主要目的在于避免股票因市价下跌而造成损失。

第三，技术性做空。对于技术性做空也有三种形式：一是以自己所有股票为基础的做空，以保值和预期交货为目的；二是以套利为目的的做空，它有不同市场的套利与不同时间的套利；三是经纪人或者证券商经营的做空。

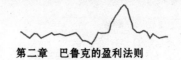

　　因为做空交易的投机性强，对股票市场会产生很大的影响，做空者的行为有着明显的投机性，所以各国的法律都对做空有比较详细的规定，从而尽量地减少做空的不利影响，在有的国家通过法律形式禁止股票的做空交易。

　　下面是做空十大原则：

　　（1）做空并不是必选。首先作为一个交易者，并不是一定要做空。大多数交易者专注多头，关注空头的人就少得多。只有极少数交易者擅长多头同时，空头也做得十分出色。就像棒球比赛中左右手都能击球的球员，这只有极少数的球员能做到，比如美国职业棒球手米奇·曼托，然而左右依然有强弱。你是否想同时进行多、空交易，则是你个人的选择。

　　（2）股市上升可能性比下跌可能性大。股票上升之后，由于不同原因而回落。股市就会有调整，熊市、大崩盘等，然而股市本身通常反映了该社会的科技、文明和发展，人类的整个发展趋势是往前发展，这是任何人无法阻挡的历史规律。道琼斯公司指数在 100 年之前以 50 点开始，经过了 1929 年的大崩盘，接着经济大萧条，第一、第二次世界大战，20 世纪 80 年代高通货膨胀，"9·11"恐怖袭击等，指数依然上涨到万点。从股市整体上来说，空头的成功率要比多头低一些。

　　（3）股票下挫是自身原因而不是抛售引发。抛售（股票迅速下挫并伴随巨大的成交量）通常意味着底部的来临。就如同股票做头似的时候，会引起巨大的反转，能够使股票从上涨趋势转到下跌趋势。在整个下跌趋势中的中部阶段，股票下跌通常伴随着成交量的减少。

　　（4）以免轧空。做空仅仅被看作是一种短期行为，不能长期恋战。空头交易者最多只能迈进一只脚，发现空头增加立刻买回股票补平。由于做空是交易者借股票卖出，假如空头太多，即大多数交易者借股

票做空，一旦市场发生反转，人们一起进场买入补仓，或是借方要求做空方补仓，供求关系忽然发生巨大的变化，股价迅速上升。空头交易者受到买压，不得不以高价买回股票，这就是所谓轧空。

（5）地心引力对股票来说一样适用。作为一个空头交易者比多头交易者更应该清楚警觉，股票下跌的速度远远超出其上涨的速度，就如同地球吸引力对石块的作用似的，然而时间通常比较短。

（6）可借性与股票报升规则增加空头交易困难。做空也叫作沽空，沽者借也。做空的第一步是券商愿意借股票给交易者，所以空单的成交时间通常比买单成交时间长。交易所对做空有报升准则，即股票在一路下跌的时候，交易者不能沽空，必须要等到下一次上涨时（报升）才能下空单。然而 ETF 不受这个条件限制。所以做空通常卖不到好价钱。

（7）在一个确认的下跌趋势中遭遇小幅反弹时，去建立空头。由于受到上述条件的限制，通常来说，在确立的下跌趋势中有小反弹，就是建立空头顶的最佳时机。在股票强势中，尤其是股票创新高时，沽空是很危险的，即俗称为"拍老虎头"。

（8）应用以往的经验。对于空头交易者来说，有一个好处是，可以充分运用股票的交易历史来分析股性。由于沽空一定在以往的股价范围中进行，可以通过分析前期的高点、底部、重要的移动平均线以及趋势线从而来选择合理的目标。

（9）空头最好是在弱市中回补。股市在跌势中的反弹通常快速，所以交易者应该运用弱势来买回获利，不能等待股市反转才补仓。

（10）避免高股息的股票。尽可能地避免沽空高股息的股票，按照规定做空者要付股息给借贷方。

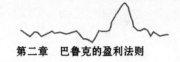

六、在萧条时期用极低的价格买入

"我也通过不懈的努力获得了财富资本。1893 年金融恐慌以后，我发现了，以经济萧条时期极低的价格买进证券，受益于必将来临的经济复苏，就能赚取大量的利润。但那时候我没有钱投资，也就很难利用自己看到的机会。

1903 年金融恐慌突然袭击，我的处境已经远远不如从前。我感到 1902 年的证券市场价格已经推升得过高，于是把手中持有的大多数证券卖出兑现，便于市场下跌的时候，我会有现金购买证券，再等着将来国家经济出现增长。事实上，我不但拓展了在经济领域的兴趣，更是率先行动起来，在新领域开展了风险投资。

也许 1893 年恐慌以后金融市场获得的成就在于对全国铁路加以整合。但是在 1903 年金融恐慌以后这几年里，国家经济发展最重要的表现是：工业快速发展所需的原材料基础出现了很大的扩展。第一次世界大战后的 10 年中，我投资的一些公司努力开发诸如铜、橡胶、铁矿、黄金、硫黄等各种原材料的供应来源。我天生是个喜欢变化的人，一旦这些公司发展至能分配股利的阶段，我往往就会撤出公司，再到处寻找其他投资目标。对于这些风险公司，有一样特别让我高兴，就是能利用它们从地球深处夺取新资源，把它置于人类的掌控之下。简单来说，这些公司创造的就是真正的财富，并非金钱，而是更有用的东西。"

巴鲁克获得财富的投机生意中，盈利最丰富、影响力巨大的主要有下面几件事情。

　　1899 年 5 月，华尔街一名实力派人物、纽约州前州长弗劳尔忽然逝世，这让与他关系密切的几家公司股票暴跌不止。巴鲁克趁这个机会，以极低的价位买入了很多股票。根据他的分析，几个根基很稳的公司并不会由于弗劳尔的去世而走入困境，公司的基本面并没有改变，因此这次股价的暴跌不正常，此后就会恢复到正常水准。果然几天之后，几个大财团联手买进这些公司的股票，股价又渐渐上扬。等到价格上涨到合理位置时，巴鲁克又抛出此前低价吸入的股票，获得不小的盈利。

　　在几家公司当中的一个，即 BRT 公司由于政府政策的改变、盈利下跌和隐瞒财务收支情况，股价又一次下滑。巴鲁克又像野狼那样嗅到了猎物的气息，从中敏锐地发现了获利的机会。1899 年 9 月，BRT 公司股票下降到破产边缘的水平。这时，准备收购 BRT 公司的人向巴鲁克提出以每股 100 美元的价格向他购买 2000~3000 股的 BRT 股票，当时巴鲁克手中并没有这么多该公司的股票，然而他大胆决定向别人借来股票凑够 3000 股，接着转让给向他购买的人，等待 BRT 公司的股票再次下挫之后，再以极低的价格购买回来，还给那些借给他股票的人。巴鲁克这次卖空赌博机会的选择真是恰到好处。就在他卖出股票的这天，BRT 公司的股票就一路暴跌，巴鲁克按照原先计划低价购买，偿还了所借全部股票，赚了很多差价。

　　当消息不好或者很糟糕的时候，往往正是进行证券交易最为有利的时机。这个道理大家都懂得，然而实际执行起来却很困难。19 世纪流传着欧洲著名的银行家罗特希尔德这样的一个忠告："收买大炮的轰鸣声。"这句话同样对股市很适用。那么，为何在利空消息出现，价格纷纷下挫，市场中廉价股票到处都是时，交易者反而不敢购买了呢？其主要原因，依然在于人性的基本弱点——恐惧。在一个下挫的市场，大家看到的是股票的价值在快速地贬值，他们非常担心，假如这时候

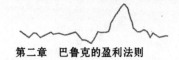

去购买股票，将会同样遭受被贬值的命运。因而，大家选择了回避的交易策略，结果自然是错失了交易的好时机。针对这个情况，为此提出一个独特的交易策略——丑闻交易。

所谓丑闻交易，指的是在一些股票公司传出不好的消息，价格接连下跌的时候，交易者要对这些公司特别注意，大胆地在低位承接。这个交易策略还来源于这样一个假设，即消息对股票价格的影响是短暂的，一旦消息公布或者传闻得到澄清，价格仍旧会沿着其原先的轨迹运行。所以，丑闻交易策略特别对一些正处于所谓上涨趋势的股票非常有效，在此情况之下，一个突发的利空消息就会让其价格急促下跌，然而没过多久，价格就会迅速地反弹回来，对于交易者来说，利用这一点就能够获利。

卖出股票之前，必须多做研究，不断地查阅有关资料，特别要了解某家公司过去3~5年的财势。

交易者面对价值被低估的股票应该怎样选择呢，可以从下面几点着手：

一是从股市的背景是不是处于萧条的熊市来说，由于在牛市的中末期阶段，股价狂涨，产生的赚钱效应连续刺激着场外的人们，很多新股民蜂拥入市，恰好买在了股价的高价位。很多散户也喜欢在牛市买入股票，股价越涨越追，可是一旦股价一下挫，只能止损卖出，如此追涨杀跌最终搞得亏损累累。在牛市阶段，因为买进的人很多，股票供应不上，股价便高，很多质次价高的股票上市。再加上庄家和很多投机资金的炒作，通常会让股票出现极端的高价格。假如普通交易者不幸买了股票的高价位，就一定会造成亏损。

二是从对公司基本面、业绩是否了解方面来说，由于许多交易者买入一只股票后，还不了解这家公司是干什么的，对公司的经营情况更是了解甚少。这则是以一种投机的心态买卖股票，买入的目的仅仅

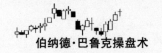

期望能够以更高的价格卖出。这种盲目的投机最后会造成资金的亏损。

交易者在买入股票之前，应该要对公司的基本面加以了解，尽可能购买自己熟悉的公司股票，公司经营状况或者股价有什么变化，交易者应该心中有数。公司经营业绩是否稳定，也是交易者在买入股票前重要的参考依据。股价在熊市的时候估值过低，然而公司经营并没有变坏，表明只是市场的悲观气氛影响其他交易者抛售而造成股价下跌。股价只是暂时性的下挫，假如交易者趁机低价买入，那么可以等到股市行情转好后，再以高价卖出，一定会获得盈利。

反之，假如公司出现经营上的亏损，或是公司出现很难挽回的失误造成公司基本面恶化，股价下挫，通常是内部知情人在大量卖出股票。对于此情况，交易者就不要贪便宜买入股票了。

三是从股价是不是低于股票本身的价值方面来说，不同时期、不同情况、不同公司的股票所表明的价值也不一样。我们所能了解的就是股票本身的净资产、发行价、股息的多少和目前的股票价格。假如某只股票跌破净资产和发行价，表明股市处于萧条的熊市，这时买入股票的风险很低，然而并不能保证交易者在买入后股票就会马上上涨，也可能会发生股价继续下跌的情况。从长远看是较为安全的。因此要保证投入资金的安全，交易者只有在股价低于股票自身价值时买入。而对于股价短期的下挫和上扬则可以忽略，等待股价恢复正常的估值，在较低价格买入的交易者就会赚钱。

七、提高获胜概率

巴鲁克盈利的法则之一，则是提高获胜概率。

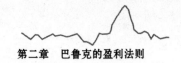

巴鲁克说，不管是投资还是投机，甚至赌博，都有一个共同目标，那就是赚钱，如何赚钱，这就是投资学和博彩数学不断研究的课题。

证券交易的实质就是一场概率游戏，交易者所要做的就是抓住占有概率优势的机会重复地做下去，只要能坚持，最终必然能够获利。

交易者做股票赢的概率要比失败的概率高，这样就能够赚钱了。实际上，比如期货、股市、外汇这种类型投资，玩的就是一个概率！单次的输赢不足以悲喜，除非终止了投资过程，不然输赢无法定论。简而言之，股票操作，若赢率超过 50%，那么就成为赢家了。假如赢率达到 100%，则尽管每次盈利的幅度不大，累加起来，总的盈利率也十分可观。但如果多次操作而无一败者，则是有幸运之光笼罩的，通常来说，这种概率仅仅是理论为之。而若赢率比较低，即进入输输赢赢的状态，则经过输赢对冲，最后总的盈利可能并不多。因此得其理者，要尽量避开赔的可能。

简单来说，机会的数学原理是：考量这个机会的概率大小，依据概率的大小来决定是否投机，这就是理论数学上的机会原理。举一个简单的例子来说明，譬如四个人打麻将，每个人胜的概率都为 25%，对每个人而言概率是相当的。所以，每人赢的概率为 25%，因此打牌能长期胜的概率是比较小的。而在股票与期货交易中，中小投资者因为面对强大市场与千千万万投资者博弈，所以从"机会性原理"的概率方面来考虑，那么胜的概率就非常小了。

如果从数学概率论的方面来研究、分析和探讨此游戏，发现游戏规律，找出获胜的方法。此方法就称为"股市投机术"。

如果从数量上来讲，参与股票交易游戏的绝大多数是散户，机构所占的比例要远远比散户少很多。大多数机构就是所谓的投资者，而绝大多数散户是投机者。

投机主要考虑的就是机会，即赚钱的机会。交易者下单买进股票

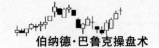
后价格会上扬，则有了赚钱的机会。散户事后发现赚钱的机会有许多，然而能抓住赚钱机会的散户就极少。因此，大多数散户是赔钱的，尤其是在熊市中几乎无法赚钱。由于绝大多数散户不了解股票交易游戏中的规律和特点，也不懂得要赢得游戏应该掌握战胜对手方法的道理，或是尽管懂得这个道理，由于苦于没有找到和掌握战胜对手的方法而屡战屡败！股市投机术能教会你运用超大概率盈利模式和超常特技战胜你的对手。

股票操作的最终结果只有两种，不是赚钱就是赔钱。在同样的条件下盈利的机会大，能够赚到的钱就多一些；盈利的机会小，能赚到的钱就少一些。反之，盈利的机会大，赔钱的机会就小一些；盈利的机会小，赔钱的机会就大一些。因此，股票操作纯粹就是一种投机游戏。

所谓"投"指的是投向、押注，所谓"机"指的是机会，"投机"则是随机事件的产生，所谓"术"指的是找出（确定、掌握）随机事件产生的方法、法则和技术。那么"投机术"指的是掌握押注于随机事件产生的方法和技术。简单来说，股市投机术是将资金押注于买入股票后价格上涨事件的发生所需要的方法和技术。从概率论的角度来说，股票操作纯粹是一种带有赌博性质的网络游戏。在这场游戏中谁的胜率大谁就是赢家。胜者为王败者为寇，赢家笑傲股市，输家落荒而逃。

股市投机术中"投"指的是"盈利的机会"。盈利的概率越大，"投"中的可能性也就越大。假如盈利是大概率事件，那么"投"中也是大概率事件；假如盈利是超大概率事件，那么"投"中也是超大概率事件。这与赌博投机有本质差异。赌博"投"的就是"极小概率获胜"，股市投机术"投"的就是"大概率和超大概率获胜"，两者尽管都属于投机，然而存在实质上的差异。

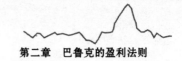

　　股票操作就是一种概率游戏。股市就是一个游戏场，股民就是这种游戏参与者，计算机网络就是股民与游戏场联系的纽带，也是股民进行游戏的工具。很多股民彼此不相见，也彼此不相识，然而他们却在不同地点通过网络同时进行着这场游戏——买进或者卖出股票。股民进行股票买卖的目的只有一个——盈利。

　　股民看到股票接连地成交，然而却不知道是谁买入和卖出，也不了解有多少人买入和卖出。股民看到股价一会儿狂涨，一会儿狂跌，上涨了又下跌，下跌了又上涨，却很难弄清楚股价到底会上涨多少，还是会下跌多少。

　　很多股民仅仅凭自己对股价走势预期值的大小进行操作。假如预期股价近期会上涨的可能性极大，便买进股票；假如预期股价近期会下跌的可能性极大，便抛出股票。股民对股价涨跌预期值的大小从概率论的角度来讲是主观概率。因此股民操作股票实质上是一种概率应用活动，就是概率游戏。

　　预计股价会上涨的概率具体为多少，绝大多数人无法说得清楚；预计股价会下跌的概率为多少，同样绝大多数人无法知道。很多股民都是凭自己的主观判断预期股价涨跌概率，并且据此进行买卖交易。股民依靠自己的经验判断或者猜想股价涨跌可能性的大小完全是主观概率。价格涨跌主观概率跟股民的思维密切相关，它的准确程度取决于股民的经验丰富程度以及判断能力的大小。经验丰富的股民对股票价格走势的判断要比新股民对价格走势的判断要准确。对同一个事件的判断，主观概率与客观概率存在巨大的差别，有的时候结果甚至相反。在每一次牛市末期，就会有很多普通股民和一批专家按照自己的主观臆测预计"股市继续上涨"。结果是牛市迅速结束，趋势发生反转，牛市则变成熊市。实际上是牛市末期"股市继续上涨"的概率极小，所以股市进入熊市是大概率事件。这就是典型的主观概率与客观

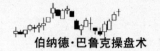

概率相反的实例。股民只是凭借股价涨跌的主观概率进行操作，很多人是以失败告终——赔钱离场！

主观概率跟人的意识密切相连。对同一个随机事件发生的可能性大小加以判断，不相同的人会得出不一样的结论，这是主观概率所具有的随意性。比如今日股市上扬，明日股市是上涨还是下跌？股民会按照自己的经验加以判断，有的股民会得出明日股市"上涨"的结论，有的股民会得出明日股市"跌"的结论。得出股市上涨的结论根据是股民主观判断"明日股市上涨的概率极大"，得出股市下跌的结论根据是股民主观判断"明日股市下跌的概率很大"。股民判断根据的概率均是主观概率。不一样的股民对同一事件判断的主观概率完全不一样，结论也就完全不相同。

事实上随机事件发生的可能性大小跟人的主观判断没有关系，即与主观概率没有关系。不以人的意志为转移的随机事件发生的可能性大小则是客观概率。客观概率指的是描述事件发生可能性大小的事件本身固有的百分比。对上面的例子来说，今日股市上扬，明日股市上扬和下跌的概率是固有的，不会由于股民的不同判断结论而发生变化。这就是一个"股价连续上扬概率"的问题。只要统计出"上扬 K 线连续上扬概率"就能够科学地回答"今日股市上扬，明日股市上扬和下跌"的问题。

找出股价涨跌的客观概率，并且运用它指导买卖交易，这就是稳定盈利的前提。

概率的大小是能够通过统计试验结果得出的。不过有的随机事件发生的概率能够通过公式计算得出。然而股市交易过程中所发生的随机事件，到现在为止还没有看到有谁推导出了计算有关概率的数学公式和方法。能做到的只有统计长期大量的股票交易试验结果得出所需要的各种随机事件的比率，并且运用这个比率近似当作随机事件的客

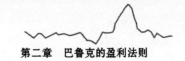

观概率。但是，这种统计比率与客观概率之间一定存在差异，而这种差异并不会太大，对实际运用并不会产生较大的负面影响。巴鲁克认为，这种统计比率被当作相关随机事件的概率不是主观的，是比较客观的，跟实际情况近似相符，具有极大的实用性。

具体来说，怎样才能提高成功的概率？

（1）通过股市胜算概率理论，运用数学模型严密计算，能够科学地分析各种技术指标盈利有效性以及盈利能力大小。只有这种既定性又定量的分析，才能从战略上选出那些先进有效的技术买卖指标，并且彻底放弃无用指标或者参数。一旦被这种模型计算分析确定它的成功盈利率达到60%以上，那么将来运用此指标盈利就有了根本的战略保证。

（2）通过计算和运用此科学数学模型确定的好技术指标才能从根本上坚定你买入、持股以及卖出的信心，这样不会因举棋不定而错过了买入时机。也不会因持股信心不足过早抛错股票而遗憾，更不会在暴跌之初因幻想还会上涨而不卖被套，只有完全相信通过科学验证的卖出信号，特别是周线发出的卖出信号及时卖出，才不会在熊市的时候被套牢。

（3）对应用技术作出相应调整。因为交易者所处大盘牛熊环境不一样，因此你必须使用技术作出相应调整，才能够有效。否则的话，你无法获得长期稳定盈利。

（4）通过计算你才能正确认识没有百分之百每次都盈利的技术指标。不能追求每次都盈利，只有追求盈多亏少的合理利润这样你才不至于因某次亏损而闷闷不乐从而影响下一次抓住盈利机会。股市胜算概率论强调的就是长期稳定复合盈利模式，即在一定时期之内盈亏相互扣减之后，盈利次数大于损失，因而就会盈利，而不是某一次或者几次的成功和失败。股市胜算理论强调的就是买在相对低的位

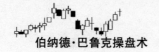

置，而卖在相对高位置（注意不是最低或者最高价）。把股票操作本金安全第一、坚持长期稳定盈利当作本理论的根本原则，从而避免追高买入风险。

（5）在大盘上升通道，月初运用敏感指标进行买入，才能动态地提高胜算概率。"识大方向赚大钱，识小方向赚小钱"，想在股市里长久地生存下去就应该识别大方向。运用股市胜算概率论确定大盘胜算率大于60%即可认为其在牛市里。这时候应用股市胜算概率论能够获得更多收益，一旦确定大盘胜算率小于45%即可认为是熊市，这时候应用股市胜算概率论，必须完全相信经由科学验证的卖出信号，特别是周线发出的卖出信号，立即卖出，才不会在熊市的时候被套牢……必须记住投机的原理是概率，找出概率、应用概率，并提高概率，这就是股市交易之道。

第三章　巴鲁克的操作技巧

巴鲁克说，交易的精髓就是交易和领悟。交易所讲的就是实战，领悟所讲的是你需要悟透一些交易的实质，就是要动脑子，不要像赌徒那样，拿到筹码，走入赌场，大赌一把。

巴鲁克认为，市场上有足够的获利机会，然而你应该出对手上的牌，提高交易技巧。

提高交易技巧主要为：一是掌握每个错误的学习机会；二是不要试图在底部买入，在顶部卖出；三是应该注意投资对象；四是必须定期重新评估所有的投资；五是股市操作不能过于分散投资，最好只购买少量几只股票，密切地加以关注；六是卖出股票时必须考虑"安睡点"；七是必须重视信息的价值；八是研究自己的纳税情况，了解什么时候卖出证券能获得最大税收优势。

一、把握每个错误的学习机会

巴鲁克操作技巧之一，则是不断地从自己的错误中学习。巴鲁克有如此的体会：

"第一次很大的失败让我亏损了 1.2 万美元，大概占一半资金。那

时候我犯了当前不可能再犯的错误——贪婪、急赚、进出过于频繁、资金不足、缺乏风险控制。目前回过头来看，极易看清楚这些错误。然而那时候却不认为自己有犯错的可能。尽管你阅读了 20 本与交易有关的书，也无法体会到这种情况的处理经验。尽管没有很好的开始，然而我将所有的失败经验与损失都当作是学习过程之一，期望所犯的每种错误和每次损失，都能够让我的交易技巧有所提高。"

每个交易者都难免由于犯错而导致亏损。赢家和输家的真正差别，就是在于处理错误的态度。赢家会发现自己的错误，能够吸取其中的教训；输家则会连续重复同样的错误。假如你通常追价买入那些在 10 分钟之内暴涨 2 美元的股票，最终总是导致亏损，假如你够聪明，最后你将发现这并不是胜算较高的策略。不断追价就犹如连续用自己的头撞墙那样。当这种行情发生的时候，他们以为是很好的机会，因此不希望错过。每当你感觉犯错的时候，必须停下来思考一下：自己到底做错了什么，今后如何避免重复发生，当初为何决定这么做，目前觉得应该如何做。处理得好的时候，也必须作出类似的检讨。许多心理的磨炼，一定让你受益匪浅。

误判行情，不一定就是错误，交易者大概有一半时间会误判行情。尽管结果都是亏损，依然有正确与错误之分，关键在于处理损失部位的态度。一旦发现自己误判行情，就马上出场，这是最明智的做法；相反地，假如你抱着侥幸心理，期望行情突然发生变化而让你脱身，这就是错误。尽管结果是获利，也可能发生错误。不管赚钱与否，追价就是一种错误的行为。犯错，接着从错误中吸取教训，就是证券交易与学习程序的一部分。也是为何资金充足的交易者，能够拥有较大存活概率的原因。他们有犯错和学习的本钱。假如资金太少，在体会市场试图传达的教训前，交易者可能已经破产了。

除了从错误中吸取教训以外，交易者还必须了解自己做对了什么，

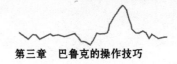

接着想办法继续做。

很不幸的就是，尽管犯了重大的错误，实际的行情发展还有可能让你安全脱身。举一例子来说明，对于某一个亏损部位来说，很多交易者迟迟不愿意认赔，希望行情反转而让部位解套。最后他也的确如愿以偿地解套了。这种经验，极可能让交易者将来付出巨大的代价，他此后可能都不愿意认赔。假如所持有的股票部位曾发生 3 美元的亏损，最终却趁着行情反转而获得 5 美分的利润，这明显不是什么好现象。风险与报酬之间明显不平衡，不是吗？确实没错，这笔交易最终依然获利，几分钱的利润毕竟胜过几块钱的损失。然而，这是一套错误的操作，这种经验极可能强化错误行为。形成 0.8 美元的亏损部位就应该认赔了，根本不应该让亏损累积至 3 美元。更坏的就是，交易者不该由于行为错误而获得回报。对于这种错误的决定，最好的结果是损失 10 美元，如此一来，所导致的痛苦程度，也许能够让交易者不至于重蹈覆辙。

巴鲁克说："我每天都会检讨自己的操作。对于任何不当的操作，都会将相关内容记录在'不可重复发生'的资料夹之内。负面行为若没有导致负面结果，不仅仅不能提供正确的教训，而且还可能强化为错误的教训。相较之下，我宁可正确地操作而产生亏损，也不愿意莽撞地操作出现盈利。立即认赔错误的操作，接着看着行情继续恶化，这种感觉非常好，我认为这属于正确的操作。亏损是股票交易中不可避免的一部分，适当认赔才能突出交易者的过人之处。"

巴鲁克是美国 20 世纪初期的依赖股票操作白手起家的成功者。他于 1891 年从大学毕业之后进入华尔街，到一家很小的证券经纪公司当办事员，周薪为 5 美元，在当初几年里，多次赔光了自己的全部积蓄。然而这也使得他逐渐成熟。他回忆说："我当初在华尔街当办事员的时候，我该犯的错误全部都犯了。"

1895 年，巴鲁克依靠自己的勤奋成了公司合伙人，1897 年经过仔细的研究，用几百美元购买了 100 股美国炼糖公司股票，在上升过程中不断利用盈利加仓。在几个月之后清空时获得 6 万美元纯利润。此后数年间在烟草、运输、铜业与铁路股票上通过做多或者做空屡有斩获。1902 年，他刚好 32 岁，其身家超过 100 万美元。

不过，巴鲁克也曾犯过很多错误，1906 年，他为了弥补咖啡空头的保证金，而把获利丰厚的某铁路股票全部卖出，最终他从咖啡退出的时候，一共赔了七八十万美元。自此之后他养成了一个伴随终身的习惯——分析自己为什么失败。每当他完成一次重大交易，特别是当市场形势已转向萧条时，就离开华尔街，到一个安静的地方，使自己回顾一下所做的一切，检讨哪些方面出现了纰漏，并且防止再犯相同的错误。

实际上从一个新手向老手的转变，这是一个一定要经历的过程，学习操作股票的秘诀在于你是否能经受所有的错误的打击，假如你经历了一切错误还没有倒下的话，那么你就成功了！

操作股票的过程是不断碰壁的过程，成功者与失败者的最大区别在于，失败者只是对交易的挫折感到心理受到打击，在将来的交易中力求避免错误，结果反而错过了宝贵的学习机会，从而白白地交了很多学费。而成功者会善于反思，从自己的错误中不断地学习，将每一次的错误都视为机会，并且从中总结出能让自己最终获利的知识，接着反复练习一直到这些知识成为"本能"最后走向成功！

"就是在很短的时间内经历所有的错误，而你尚未被市场打趴下，接着迅速站起来修正所有的错误，你就成功了！"

股票交易的核心就是犯错，接下来从错误中学习，之后再犯错，再学习，周而复始，循环往复没有终点。

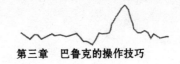

二、不要试图在底部买入，在顶部卖出

　　巴鲁克从来不相信逃顶抄底，只相信高抛低吸，并非上涨了就买下跌了就割，而是价值投资，过于高估的时候就抛出，而过于低估的时候买入："有的人自吹自擂，说什么能够逃顶抄底——我绝不相信谁能够做到这一点。东西看起来价钱太便宜，我便买入，看起来价钱过高，我就卖出。正是由于这样行动，我才能成功避免被市场波动中产生的极端狂野的情形冲昏头脑，才不至于随波动的大潮一起颠簸起伏而葬身水底。事实证明极端狂热与极端悲观的氛围一定会招致灾难。"

　　巴鲁克对所谓的超额回报并不以为然，他告诫不要企图买在底部、卖在顶部。他说："谁要是说自己总可以抄底逃顶，那一定是在撒谎。"

　　巴鲁克还屡次在股票价格上升中抛出，1929年多次就是这样。就在硫黄业股票达到顶部之前，他便把持有的121000份股票抛出。1929年10月崩盘的时候，他已经将所有这种股票抛出。他能够守住财富的原因之一，则是能做到在上升中抛出。他认为，无人能在顶部卖出、在底部买入。这种在多年的实践中培养出来的"感觉"，通常让他在感到股价过高时立即卖出。他好像并没有什么具体的规则来判断什么时候股价过高，而是更多地培养了一种感觉，一种仔细研究市场、多年操作以及顺应市场所形成的感觉。

　　很多知名投资家由于抄底而破产。比如价值投资之父格雷厄姆于1929年股市泡沫破灭之后在1931年抄底，最终一贫如洗。

　　美国著名经济学家费雪已预见 1929 年股市泡沫将要破灭,于是还是买入自认为是便宜的股票,结果几天之中亏损了几百万美元而破产。

　　成功地抄底与逃顶是衡量个股操作水平高低的重要依据。杰出的交易者总是能把握好进出的时机,然而他不一定能抓住最低点。与此相反,其他人却通常容易踩反步点,买于最高点而卖于最低点,损失必然惨重。

　　在市场每次暴跌的时候,总是有人企图等着抄底,这对于交易者来说是很好的事情,然而确实能实现的人极少。由于在市场单边动力衰竭的时候,各种各样的背离形成,然而总是无人适时地做反趋势,而大行情趋势的反转总是在很短时间之内便产生,所以大多数时候不提前买入,行情就极容易错过。因此刻意抄底反而抄不到。

　　每当市场暴跌,便有许多交易者开始热议"抄底",而且这好像总是大部分交易者孜孜以求的美事。实际上许多交易者之所以热衷于"抄底",通常存在一个想当然的逻辑,即只要可以在底部买、顶部卖就能够战胜市场,获得最好的投资业绩。

　　令人可惜的是,凡是"大底"真正出现时,很少有人能够真正猜中并热烈拥抱它。实际上,著名股神巴菲特,则是一个从不喜欢刻意"猜底"和"抄底"的人。他说过这样一句意味深长的话:"模糊的正确远胜于精确的错误。"在每一次重大危机之际,当巴菲特买进时,刻意寻底的市场往往都会讥笑他"买高了"或者"被套了"。然而他从不会为此气馁沮丧而始终坚持自己的判断,由于他了解精确的底部根本无法预测得出,他所选择的就是一个"模糊的正确",而大多数人却自作聪明地选择了"精确的错误"。

　　所谓抄底就是,在最合适的时间能够买到最低价位,获得激动人心的暴利。

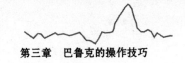

　　但是，投资讲的就是一种趋势。如果一个市场没有做空机制，那么，理性的交易者研究趋势的目的有两个：一是在下降趋势中空仓，回避风险；二是在上升趋势中投资，获得利润，此利润绝不是建立在抄底基础上的，而是一种风险通过充分释放后的结果。在此情况下，交易者买到的价位也许不是底部，然而它却是相对安全的。而对于一位成熟的交易者，回避风险、保住本钱永远是第一位的。

　　那么，抄底思维危险表现在哪里呢？

　　一是抄底是在下降趋势中完成的投资决策行为，就是风险最大的逆势操作。由于逆势中，反弹的概率本来就不太高，转势的概率更低。二是抄到的底可能是下一阶段走势的顶部。三是抄底由于是对风险非常忽略情况下的选择，极易发生巨亏甚至爆仓的严重后果。经过这种剖析，大家不难理解：抄底并非投资选择，而是一种赌博的心态在作祟。

　　另外还有一点则是：不可能总是在顶部卖出的，通常可以多等一会儿，顶部右侧若是回落就可以卖出，右侧若是升高那原来的就不是顶部了。

　　股市有这样一句名言："会买的是徒弟，会卖的是师父。"你是否尝试在行情见顶的时候，只是为了一点点蝇头小利而死守不撤，最后深深被套其中？

　　因为变化万千的盘面语言中总会隐藏着一些转瞬即逝的微妙"信号"。这些信号有些时候会比较准确地告诉你上涨趋势已经逆转，你必须把你手中的股票果断抛出。必须注意如下几点：

　　1. MACD 死叉是见顶信号

　　股价在经过大幅升高之后形成横盘，产生的一个相对高点，交易者特别是资金量较大的交易者，应当在第一卖点出货或者减仓。这时判断第一卖点成立的技巧是"股价横盘并且 MACD 死叉"，死叉之日

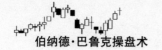

就是第一卖点形成的时候。

第一卖点形成以后，有的股票并没有出现暴跌，可能是多头主力在回调以后为掩护出货假装往上突破，做出货之前的最后一次抬高。判断绝对顶成立技巧就是当股价进行虚浪拉升创出新高时，MACD却不能与此同步，第二红波的面积明显没有前波大，表明量能在不断下跌，两者的走势形成背离，这就是股价见顶的显著信号。

这时形成的高点通常是成为一波牛市行情的最高点，假如这时不能顺利出逃的话，其结果不堪设想。应该说明的是在绝对顶卖股票时，绝不能等待 MACD 死叉后再卖出，由于当 MACD 死叉时股价已经下跌了很多，在虚浪顶卖出股票应当参考 K 线组合。这个也是 MACD 作为中线指标的缺陷地方。

通常来说，在虚浪急拉过程中若出现"高开低走阴线"或者"长下影线涨停阳线"时，是卖出的最好时机。必须提醒的是，因为 MACD 指标具有滞后性，运用 MACD 寻找最好卖点逃顶尤其适合那些大幅拉升后做平台头的股票，不适合那些急拉急跌的股票。此外，上述两点大都出现在股票大幅上涨以后，换言之，它出现在股票主升浪以后，假如一只股票还没有大幅上涨，没有进行过主升浪，那么不要用上述方法。

2. KDJ 呈现两极形态即见顶

大盘通常在长时间或是快速单边走势之后，形成放量的或者极端反向走势，同时配合经典的技术佐证，比如跳空星形大 K 线周KDJ 线的 K 值到达 85 以上，就是见顶的典型信号。当 KDJ 指标的 J 值涨势改变掉头向下，先卖出 50%；K 值涨势改变走平时可准备卖出，K 值改变掉头往下，清仓；当 KDJ 指标形成死叉的时候，这就是最后的卖点。

然而，有的时候大盘或个股在高位正式见顶反转往下，产生下降

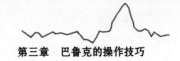

走势，而且它们的 MACD 指标也在高位出现死亡交叉，交易者就不能由于大盘或个股的 KDJ 指标发出超卖信号而盲目抄底，由于技术上往往会出现"底在底下"的情况，因此这种 KDJ 指标通常会失灵。

3. 长上影线须多加小心

长上影线就是一种明显的见顶信号。上涨行情中股价上升到一定阶段，接连放量冲高或者持续 3~5 个交易日不断放量，并且每天的换手率都在 4% 以上。当最大成交量产生时，其换手率通常超过 10%，这意味着主力在拉升出货。假如收盘时出现长上影线，则表示冲高回落，抛压沉重。假如第二天股价又不能收复前日的上影线，成交开始缩减，说明后市将调整，遇到这种情况要坚决减仓甚至清仓。

4. 高位十字星为风险征兆

上涨较大空间之后，大盘系统性风险极有可能正在孕育爆发，此时应该格外留意日 K 线。当日 K 线形成十字星或长上影线的倒锤形阳线或阴线时，则是卖出股票的关键点。

日 K 线形成高位十字星表明多空分歧强烈，局势或将由买方市场转为卖方市场，高位产生十字星如同开车遇到十字路口的红灯，表明市场将要发生转折，为了回避风险可以出货。股价大幅上涨之后，形成带长影线的倒锤形阴线，表明当天抛售者多，空方占据优势，如果当日成交量极大，更是见顶信号。很多个股形成高位十字星或倒锤形长上影阴线时，80%~90% 的机会产生大头部，减仓为上策。

5. 双头、多头形态避之则吉

当股价不再产生新的突破，出现第二个头时，必须坚决卖出，由于从第一个头到第二个头都是主力派发阶段。M 字形的右峰比左峰低则是拉高出货形，有时右峰也可能形成比左峰高的诱多形再反转下跌更可怕，对于其他头形比如头肩顶、三重顶、圆形顶也是如此，只要

跌破颈线支撑都要赶紧了结持股，以免损失扩大。

6. 击破重要均线警惕变盘

放量之后股价跌破 10 日均线并且不能恢复，此后 5 周线也被击破，必须坚决卖出。对于刚被套的人这时退出十分有利。如何确认支撑位在此显得非常关键。通常来说，10 日均线第一天破了以后第二天回拉但是站不上支撑位（如 30 日均线），则是破位的确认，回拉时就是减仓的时机。假如股价继续击破 30 日或者 60 日均线等重要均线指标则要坚决清仓了。

另外，随着股价的下调，渐渐出现了下降通道，日、周均线产生空头排列。假如此后出现反弹，股价上冲 30 日或者 60 日均线没有站稳，那么交易者必须坚决卖出。

7. 单日"T+0"买卖降低成本

主要是依赖股价每日的上下波动，运用小幅价差解套。例如，假设有 100 股被套，今日该股票低开或者股价下挫，当价格企稳有反弹趋势的时候，马上买入 100 股，一旦股票上升之后，卖出此前的 100 股就能够盈利；假如股票高开或冲高见顶后可以先卖出 100 股，接着等股价下跌之后，再买入 100 股，则减少了下跌部分的损失。这样上涨能获得双倍甚至多倍收益，下跌可能减少亏损甚至获得收益，这样就能够降低成本，一直至解套。

8. 二波弱势反弹出货

开低走低跌破前一波低点的时候，卖出（跌停价杀出）弱势股。有实质利空时，开低走低，反弹很难越过开盘价，再反转向下跌破第一波低点时，技术指标转弱，就必须马上市价杀出，如果没来得及，也应当在第二波反弹再无法越过高点，又反转向下时，当机立断下卖单。

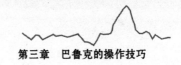

9. 补仓出货须谨慎

当股市下跌至某一阶段性底部时，可以运用补仓卖出法，由于这时股价离交易者买价相去甚远，假如强制卖出，通常损失较大。交易者可适当补仓后降低成本，等到行情回暖时再逢高卖出。补仓的最好时机是在指数位于相对低位或刚刚向上反转时。彼时上涨的潜力巨大，下跌的可能性极小，补仓比较安全。另外，应该注意的是，弱势股不补、前期暴涨过的超级黑马不补。

10. 箱形下缘失守为弱势

不管人为开高走平、开平走平甚至开低走平，形成箱形高低震荡时，在箱顶卖出，在箱低买入。然而一旦箱形下方支撑价失守时，必须毫不犹豫地抛出所有持股，如果这时候下不了手，在盘上的箱形跌破之后，也许会产生拉回效果，而这时反弹仍过不了原箱形下方，表示弱势。

三、注意投资对象

巴鲁克说："在你购买股票前，找到公司的全部资料，其管理层、竞争者，其盈利和增长的可能性。"

他认为，没有经过研究不下单。深入进行研究过的股票，自己心中有数，手中便有准儿。假如只是靠听来的消息，再怎么言之凿凿、信誓旦旦，只要股价一下跌，立即就慌神儿；再一下跌，便开始怀疑消息的真实性；继续下跌的话，便自我否认消息；最终割肉出局，卖出了个地板价。只有通过深入地调研，将"消息"变为"信息"，变成自己研究之后确认的东西，才能够成为值得信赖的投

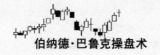

资参考。

巴鲁克能够看懂金融统计数据，这很有利于他在研究时理解公司的基本面。当下，人们常说，巴鲁克更注重于基本面，并非技术面。他通常考虑三大方面：第一，它要拥有真实的资产；第二，它最好有经营的特许优势，这样可以减少竞争，其产品或服务的出路比较有保证；第三，也是最重要的，是投资对象的管理能力。

巴鲁克在评估某家公司的基本面与总体情况时，他通常考虑上面所说的三个方面。他在入场交易之前，总是会严格地审查公司，特别是其管理情况和财务前景。

1901年，巴鲁克认真地研究路易斯维尔—纳什维尔铁路公司以及它的利润前景，并且买入了这只股票。其股价不足100美元，之前刚好发生了北太平洋公司的暴跌，这只股票曾经一路猛涨，接着又狂跌，是导致1901年恐慌的因素之一。他购买路易斯维尔—纳什维尔铁路公司股票，是由于作出了分析，并且期望实现拥有并经营一条铁路的儿时梦想。1902年1月，该股产生了强势上涨。他和一些交易者一起，开始购买更多的股份，企图掌握该公司的控股权。但是，他的梦想并未实现，由于他那伙人从来没有真正控制这家公司，当然，在最后卖出股票时，他获得了可观的利润，多达100万美元。

巴鲁克认为，在你购买股票前，应当搞清楚全部能够搞清楚的关于这只股票的公司、公司管理以及竞争对手的情况，甚至公司的盈利状况和将来发展前景。

他还告诫说，宁肯投资一家没什么资金却管理良好的公司，也不要去碰一家资金充裕而管理糟糕的公司的股票。

通过多年的交易之后，他发现，最初所犯的两次亏损惨重的错误，是很多交易者都要犯的错误，即：对公司的管理、收益、前景以及将来增长潜力了解不太多。正是这些错误，造成他多次输得精光。他发

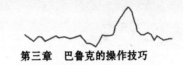

誓必须管住自己，吸取教训，也正因为这样，他努力对自己有意投资的公司进行广泛的研究。

简言之，选择公司必须考虑两个问题：这是一家卓越的公司吗？若是一家卓越的公司，股票是否相对便宜？至于第一个问题的回答，能够分析公司的竞争优势、成长性、收益性以及财务健康状况和公司的管理层。至于第二个问题的回答，就必须要对公司进行估值。下面作出解答：

第一，竞争优势。

（1）公司的历史收益（5~10年）如何？主要是对自由现金流量、净利润、净资产收益率以及资产收益率等指标的考量。

（2）公司的竞争优势主要表现在哪些方面？其优势可能来自于：高的进入壁垒对抗了竞争者，低成本低价格策略，品牌黏性（消费者愿意多花钱买差别不大的产品），高转换成本让消费者懒于转换（消费者不愿意转换到相似的替代品），具有特色产品和服务。

（3）公司的竞争优势能够持续多久？最短几年，好几年，许多年。

（4）公司处在一个什么样的行业。行业的平均利润率、行业的集中度、行业的平均增长率、行业所处的周期等。

第二，成长性。

（1）公司的成长主要来源于哪些方面？公司的成长主要来自于销售的增长，而销售增长的主要来源是销量的增长、价格的增长、提供新的产品和服务以及购买新的业务。

（2）公司成长的质量怎么样？公司的成长是否能够持续下去？公司的成长是否主要来源于成本的降低（不可持续，成本的降低毕竟是有限的）？公司的成长是不是依赖非经常性的因素？

第三，收益性。

（1）公司的收益性可以运用资产收益率、净资产收益率、资本收

益率等来衡量。

（2）公司的收益的质量怎么样？你也可以把公司的资本收益率（资产收益率或净资产收益率）与自由现金流放在一起加以比较（形成一个矩阵），来考察公司收益的质量。

第四，健康性。

公司财务的健康性可以运用权益负债比、利息倍数、流动以及速动比率等来考察。

第五，管理层。

对公司的管理层评估可以通过这三个方面进行：报酬、诚实度以及能力。

（1）管理层的报酬。管理层现金报酬的数额是否合理？管理层的绩效薪酬是否与公司的业绩挂钩？股票激励是否较期权激励更好？管理层的绩效薪酬在整个公司员工的绩效薪酬中所占的比例（越低越好）。管理层是否愿意长期持有股票？

（2）管理层的诚实度。管理层是否在运用自己的特权为自己和身边的亲戚朋友谋利？管理层是否可以开诚布公，而且真诚和坦率面对自己的错误？管理层是否能留住人才（公司员工的流动率，公司管理层的稳定性）？

（3）管理层的能力。现任管理团队的业绩表现怎么样？公司为以前发生的收购业务支付的价格是否合理？公司对计划的执行情况怎么样？管理层是否有想法而且自信？

总的来说，成功的交易是简单的，然而实现起来并不容易。

成功选股的基本法则，并不依靠那些无法理解的选股工具，也不是昂贵的软件以及分析报告。你要努力的目标是寻找卓越的公司并在合理的价位买入。

基本的交易过程极其简单，是对公司进行分析和股票估值。假如

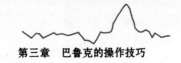

你避免了将一个好公司和一只好股票两个概念相混淆的错误，那么你就已经比许多市场参与者领先了。

购买一只股票意味着你要成为这家公司的合伙人。对待你的股票就如同对待你的生意一样。你就会发现，你要关注重要的事情，例如现金流量，而在另一些事情上就要投入比较少的关注，例如在某一特定日子股票是涨还是跌。

在短期之内，股价遭受大量与公司潜在价值没有任何关系的因素影响而动摇。交易者必须坚定地提倡关注公司的长期表现，由于短期的价格波动是完全不可预测的。

短线交易提升了赋税的负担与交易成本，像这样的交易成本会极大地影响你投资组合，使得税负和交易成本最小化，这是你增加长期投资回报的一个最简单的方法，也是最重要的方法。

交易者所犯的大多数一般性错误，通常就是不能彻底调查他们所购买股票的公司。除非你了解这个公司里里外外的详细情况，否则的话你就不应该购买这只股票。

仅仅看股票，股价运动传达的是没有用处的信息，特别是在短期内，完全不可预测的因素能造成股价向各种方向运动。股票长期运行的表现在相当大程度上取决于公司将来现金流的变化。这与股价过去两周或一个月的表现毫无关系。

当你购买了股票之后，股票走势如何并非是最重要的。你不能够改变过去，市场也不关心你在股票上是赚了还是赔了。调整股票价格的是这家公司的未来，而且那才是你决定是否要卖出那只股票的依据。

假如你能识别一家公司能够阻挡竞争者，而且能不断产生高于平均水平利润的原因，你就已经鉴别出了公司竞争优势的源头。

什么时候卖出：第一次买进的时候所犯的一些错误，公司基本面

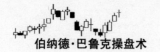

已经恶化；股价已经大大地超过它的内在价值；你已经发现更好的投资机会；这只股票在你的投资中所占的比例过大。

当你研究股票的时候，应该问一问你自己："这是否是一个很好的生意？假如我买得起的话，我会将整个公司买下吗？"若回答是否定的，就应该放弃这只股票，无论你是多么喜欢这个公司的产品。

你购买股票的唯一理由就是你认为这个公司现在的股价比卖出时的价格更有投资价值，而不是你认为会有一个更大的傻瓜乐意在几个月之后花更多的钱来接你的盘。

假如公司在经营性现金流停滞或者收缩的同时盈利却在增长，极有可能是某些事情正在变坏。

假如你不了解除去收购后，这家公司发展得多快，就不要买其股票，因为你很难知道收购什么时候会停止。必须记住，一个成功交易者的目标是购买一个好生意，而不是购买兼并的机器。

巨额亏损很可能影响公司的成长性，假如一家公司的盈利在3~5年中的第一年是让人沮丧的，这家公司的成长性很有可能被夸大，因为成长性将以一个降低了的基础为起点算起。不要将你看到的一个连续三年或五年的成长率视为福音，还是要检查数字的背后是什么。

为完成一个收购计划而奖励公司管理层是一个十分可怕的主意。支付大量的奖金只是为了一个已经成为过去的交易，它仅仅会鼓励管理层去做更多前景不明朗的交易。

识别激进的会计方法最简单的方法就是将净利润的趋势和经营性现金流趋势进行比较。假如净利润快速增长，并且现金流没有增长或下降，就有潜伏问题的可能性。

交易者以低于资产估值的价格购买股票，获得收益的多或少取决于这些股票的财务表现。投机者买入股票是由于他们相信它将升值，他们总认为还有其他交易者愿意在某一点上要为之付出更多的钱。交

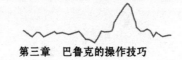

易者收到的回报来自他们大量准确的分析，投机者能否有收益则取决于是否有其他容易受骗上当的人。

四、必须定期重新评估你的投资

巴鲁克说："必须定期重新评估你的投资，看一看持续变化的情况是否已改变这些投资的前景。"

巴鲁克将自己的成功归于："为让自己受到严厉的自我审视与自我评估，我付出了很大的努力。而当我渐渐认识自己时，我就能够更好地理解他人。"

巴鲁克通过很多次信用交易进行投机交易遭遇挫败以后，他终于痛定思痛，领会到思考和根据思考的判断与行动是多么重要。因而，巴鲁克这样说道："我开始的时候养成一个习惯，一个从来没有摒弃的习惯——分析自己为什么失败，明白是在哪些方面出了差错。随着我在市场上交易的规模越来越大，我后来将这个习惯做得更全面更深入。每当我完成了一次重大交易——特别是当市场形势已转入萧条时，我就抽身离开华尔街，到一个很安静的地方，回顾自己所做的一切，检讨在哪些方面出了纰漏。此时，我绝不会寻找借口原谅自己，心里只考虑着要防止再犯同样的错误。"

巴鲁克会对所有的交易加以分析，探讨自己的交易方法是否需要改变。他还通过分析发现自己所犯的错误，从而避免今后重蹈覆辙。关于这一点，他在交易初期就已经身体力行。为了彻底分析，不受到其他因素干扰，他通常尽量地远离市场。在必要的时候，他就会清空仓位，离开华尔街。事实上，每年夏季，他都会到欧洲度假。

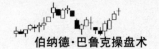

完全逃离市场活动，停下来反思自己以前的交易，通常有益于心理健康。利弗摩尔也曾经发现，这种远离市场的时间十分珍贵，他通常会休假远遁，充电之后再返回市场。对巴鲁克而言，离开市场的时间是相当重要的，这样就能够恢复心灵的平静，并一心一意反省过去的交易。

所以说，交易者必须定期有计划地审视自己的投资，看一看有什么新的发展可能改变其想法。

交易者在买入股票之后要定期检查一下其基本面，尤其是在股市下挫时更需要趁机检查股票的基本面——若基本面好的股票没有出现实质性变化，那么就应该继续持有下去；相反地就要卖出股票。股市下挫时检查一下股票基本面，并不是说只关心股价的多少，更重要的是要探讨股价变动的原因，以及这个价格是否值得投资，检查一下基本面是否发生了变化。你想卖出时要问问自己，最初为什么要购买这只股票，目前达到目标价了吗？是失去价值了吗？假如没有失去当时预计的价值，就不要卖出。必须对手中的股票基本面有数，这是相当重要的，基本面好的股票仅仅暂时被套，不能够长期套牢，而基本面差的股票跌下来就无法涨上去，很有可能长期被套。假如你对手中的股票基本面有数，股价下挫也就不慌了。

五、最好只买几只可以持续关注的股票

巴鲁克说，股市操作不能过于分散投资，最好只购买少数几只股票，并且加以密切的关注。他认为，一个交易者不可能同时了解太多股票的所有相关事实资料。他发现，集中所有的精力，也是他在股市

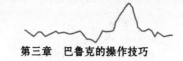

中成功的关键技能之一。他确信，进入股市，必须要专心致志，不能一心二意。他认为，一个人不可能在太多方面都是专家。他必须热衷专注于一件事，并力求做好它。

想要对一项投资作出明智合理的判断，就必须投入很多时间和精力，并且跟踪研究影响一只股票价值的各种因素也需要投入时间和精力。尽管对于数只股票你能够了解一切可以了解到的情况，然而对于很多只股票，你不可能了解所有你需要了解的信息。

有这么一句格言："知之较少就是一件危险的事情。"在这个投资领域中比在其他任何领域都更为有效、更加正确。

购买一大堆不同类型的股票，恨不得将上市的股票每只都买一些，则是新手的典型错误，因为注意力将会分散。

许多投资大师跟巴鲁克的想法是一样的，都认为集中投资比较好，所谓的将十个鸡蛋放到十个篮子里的投资策略，只会是竹篮打水一场空！

被视为集中投资的代表性人物股神巴菲特这样强调："将所有鸡蛋放在同一个篮子里，接着小心地看好它。"巴菲特对少量股票进行高度集中投资。2014年底，巴菲特持有前十大重仓股占股票资产比例多达80%，第一大重仓股占股票资产比例达到18%。

实际上，从巴菲特的投资平台——伯克希尔·哈撒韦公司的历年年报能够看出，巴菲特的资产结构显示其持有资产并不是集中于单一资产，反而广泛地投资于股票、固定收益证券以及其他资产，分散单一类型资产所产生的风险。从股票资产的归属地来看，巴菲特投资股票不局限于美国股市，而广泛投资于全球各国股市。从行业结构来看，虽然巴菲特从不投资强周期板块，然而在其他板块上却互相分散。最后，其持有单一股票的比例很少超过全部股票资产的20%。

从巴菲特的案例中能够看出，集中投资只是一个相对概念。一是

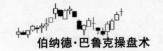

巴菲特的投资组合依旧采用了分散投资的思维，经由资产类型配置、国别配置、行业配置以及控制单一股票的持有比例等方式来控制风险，获取长期稳定的收益；二是巴菲特在股票投资当中有所取舍，高度集中在少数股票上，然而这建立在已经深入了解相应上市公司，对其经营状况以及经济特征很满意的基础上。

几十年以来，巴菲特建立了一套他自己选择可以投资公司的战略。他对公司的选择是来源于一个基本常识：假如一家公司经营有方，管理者智慧超群，其内在价值将会渐渐显示在其股值上。巴菲特的大多数精力都用来分析潜在企业的经济状况以及评估它的管理状况而不是用于跟踪股价。

这并不意味着分析公司找到所有能够告知这家公司经济价值的信息——是一件很容易的事。实际上，分析公司是很费一番工夫的。但巴菲特通常说做这项"作业"所费的心思比全力以赴保留在股市的顶尖地位要少，最终的结果是长期受益。

巴菲特运用的分析过程包括用一整套的投资原理或者基本原则去检验每一个投资机会。这些基本法则在《沃伦·巴菲特的投资战略》一书中已经详细讲述并在下一节"少就是多"中进行总结。每个单独的原理就是一个分析工具，把这些工具合并运用，这可以为我们区分哪些公司可以为我们带来最高的经济回报提供方法。

假如使用得当，巴菲特的基本法则将会带你走进那些好的公司从而让你合情合理地进行集中股票投资。你将会选择长期业绩超群并且管理层稳定的公司。这些公司在以前的稳定中求胜，在未来也一定会产生高额业绩。这是集中投资的核心：将你的投资集中在产生高于平均业绩的概率最高的几家公司上。

在实际交易过程中，建议交易者将股票适当集中，手中的股票控制在 2~5 只，方便操作。

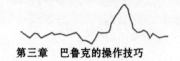

1934 年，凯恩斯在给商业同行的一封信中写道："通过撒大网捕捉更多公司的方法以降低投资风险的想法是错误的，由于你对这些公司知之甚少更无特别信心……人的知识与经验都是有限的，在某一特定的时间段中，我本人有信心投资的企业也不过两三家。"

费舍尔也是著名的集中证券投资家，他总是说他宁愿投资于几家他很了解的优秀公司也不愿投资于众多他不了解的公司。费舍尔是在1929 年股市崩溃之后不久开始他的投资咨询业务的。他依然清楚地记得当时产生良好的经济效益是多么重要。"我明白我对公司越了解，我的收益就越好。"通常情况下，费舍尔把他的股本限制在 10 家公司之内，其中有 75%的投资集中在 3~4 家公司身上。

投资必须要专注，因此一年做一次股票就好，甚至一生只要能够掌握几只好股票，就足以发财了。

六、卖出股票时应考虑"安睡点"

巴鲁克曾谈到，卖出股票时必须考虑"安睡点"。也就是说，假如股票让你担心得夜不成寐，就应该卖出。你需要借助潜意识卖掉它们，终结无谓的烦恼。

巴鲁克在他来到华尔街的时候，听到一个投资大师说："卖掉一部分股票，一直到能够睡着。"

巴鲁克认为，这的确是难能可贵的智慧之语。此说法类似于菲利普·费雪所言的"保守型交易者高枕无忧"。假如我们忧心忡忡，那么是潜意识在持续给我们发送警告信息。所以，最智慧的做法就是卖掉股票一直到不再为股票忧心忡忡为止。这种把自己持有的股票转为现

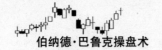

金离开股市的做法，十分明智。

若购买股票后让你寝食难安，甚至夜不成寐，那么你必须在第一时间卖出它，并且远离这个市场。

如果你有一定的股票操作经历，一定同时拥有赚钱和亏损的经验。赚钱的时候你有什么感觉？一般你会在内心指责自己为何开始的时候不多买一些，下一次遇到应该会赚大钱的机会，你自然就会下大注。这是极其危险的。在股票交易这一行，没有百分之百的命中率。假如第一次进货太多，一旦与其预期相反，噩梦便开始了。每天下挫，你期望这是最后一天；有时小小的反弹，你就将它看成是大起的前兆；接着这只股票可能下跌得更低，你的心又向下沉……你失去了理性判断的能力。

由于股价的运动没有定规，你不进场就不可能赚钱，而进场就有可能亏损，因此承担多少风险就成为每个交易者头痛的事。索罗斯在其自传中提及他对应承担多大风险最感头痛。解决这个问题并没有什么捷径，只有依靠你自己在实践中摸索对风险的承受力，不要超越此界限。

可是什么是你对风险的承受力呢？最简单的方法则是问自己睡得好吗？假如你对某只股票担忧到睡不着，表明了你承担了太大的风险。卖出一部分股票，一直到你感到自己睡得好为止。将保本放在首位并牢牢地记在心里，你在股票操作时每次犯错，你的体会便会更深一层，久而久之，你就懂得该如何做了。

在股市中有多少人能够真正地克服贪婪呢？

必须牢记：见好就收，放弃才能有所得。

学会放弃一定是正确的。一只股票走了好多天的上升通道之后，才被人们发现并被推荐，此时你应该放弃要购买它的想法。由于一旦此后开始回调，如果运气好的话调整一星期，如果运气不好的话调整

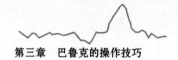

一个月，此时你的头脑一定会很乱，割肉还是守仓你已经无法冷静判断，几次下来你就会崩溃。

前期大幅已经炒高的股票你必须要放弃。尽管目前回落了，你也不要去碰。山顶左边的10元与山顶右边的10元价值是不一样的，出货前跟出货后的10元价值也是不一样的。在山顶右边的每一次接货则是自寻死路。

假如你心中有疑问的时候，就应该离场！

这是条极易懂得但极不容易做到的规则。大多数时候，你对股票的走势已失去感觉，你不知道它要向上爬还是向下跌，你也搞不清它处在涨势还是跌势。这时，你的最好选择就是离场！离场不是说不操作股票了，而是不要碰这只股票了。假如手头有这只股票，应该卖掉！如果手头没有，就不要买！大家都知道久赌能赢的技巧在于每次下注，你的获胜概率一定要超过50%，只要你手头还拥有没有感觉的股票，表明你还没有将赌注从赌台撤回来。当你不了解这只股票的走势时，你的赢面只为50%。专业赌徒绝不会在这时候把赌注留在台面上。

七、重视信息的价值

巴鲁克是美国知名的犹太实业家，他同时又是著名的政治家和哲人，他是一位很重视信息、善于抓住时机的人。巴鲁克在30岁的时候已经因操作股票而成为百万富翁。1916年，他被美国政府任命为原材料、矿物及金属管理委员会主席，还被威尔逊总统任命为国防委员会顾问，此后，他又担任了军火工业委员会主席。1946年，

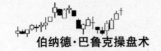

巴鲁克担任了美国驻联合国原子能委员会的代表，并且建议建立一个国际权威机构，来控制原子能的运用和检查所有的原子能设施，这就是有名的"巴鲁克计划"。不管生前死后，巴鲁克都深受大家的尊重、敬仰。

前面已经讲过，刚开始创业的时候，巴鲁克与所有人一样极其艰难，然而就是犹太人所具有的那种对信息特有的敏感，让他在一夜之间发了财：1898 年，年轻的巴鲁克与父母住在一起。那时候，正在快速崛起的美国和老牌帝国主义国家西班牙进行了一场战争。西班牙威名远扬的舰队远征美洲，却在圣地亚哥附近被美国海军一下子打败了。

正是在这天晚上的时候，巴鲁克从广播里面获得了这一消息，知道各地证券市场的美国股票将会大幅度上涨，于是连夜向自己的办公室赶去。

事实上，第二天就是星期一，根据美国证券交易市场的规矩，星期一是不开盘的，然而英国的证券市场却会照常营业。巴鲁克这样急忙地赶回去，就是要通过长途通信开始运作自己的股票资金。然而时间的确是太晚了，通向纽约的客运火车已经没有班次了。在此情况之下，大多数人一定是一筹莫展，然而巴鲁克的超人之处就在此时表现出来了。他没有半点犹豫地租下一列专车，终于在天亮之前赶到自己的办公室。当伦敦股市开始交易时，他果断地卖出和买入，做成了几笔"大交易"。

在获得信息的时间上，巴鲁克并未抢占先机，然而在如何从这一新闻中分析出对自己有用的信息，据此作出决策，并且采取相应的行动上，巴鲁克的确占据了先机，掌握了主动权。

《塔木德》说："聪明的人不会特意到大路上去拾金子。"善于动脑的犹太人懂得，想要赚钱就必须动些脑筋，只有目光敏锐、见人之所

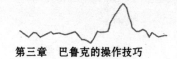

未见的人，才能抓住更多的机会，获得更多的金钱。下面这些原则是数代犹太商人智慧的结晶。犹太民族自古以来就特别地关注信息。但能够肯定的是，他们当初重视信息的收集、整理和应用与金钱没有关系。古时候的犹太人称信息为"兆头"，就是指与胜败、生存有关的消息。

《塔木德》一书中指出了"信息是有价的"。希伯来语中的"语言"一词，包含了"产品"、"经营活动"以及"信息"三个词的意思。犹太人对信息十分敏感，或许是在不知不觉中受到这一词汇的暗示。

公元前 1300 年左右的约书亚，就开始从事"信息"活动了。约书亚开始为摩西从事间谍活动，在摩西去世后继承了摩西未完成的事业，统率以色列的 12 个部族征服了迦南。也许是受约书亚的影响，犹太人中涉足信息业的特别多，而且这些人在犹太社会内部的地位都比较高。他们在信息的搜索、整理和运用活动中，逐步形成了如下理念：

（1）经济活动能不能顺利开展，与商业活动信息和产品信息皆息息相关。

（2）信息、产品、经营三位一体，构成了完整的经济活动。

（3）商品离开了信息，便不能产生价值。通过信息（语言）描述商品，表达商业活动的构想，说明商品的价值，商品才有流通的可能。

（4）能够说明商品功能和表达服务内涵的信息（语言）是最大的商品，是创造价值的资源。

（5）不断积累零零散散的信息，再对其进行系统整理，也可作为可用的情报。

基于对信息重要性的清楚认识，巴鲁克在创业的初期，就很重视信息工作。他在美国范围内建立了一张很大的信息网，擅长对信息整理和运用信息，这则是巴鲁克成功的秘诀之一。

因此，对交易者来说，必须高度重视信息，筛选信息，珍惜真金白银的真信息，才能使自己从无到有，变得富裕起来。

八、要考虑税收因素

巴鲁克说过：研究自己的纳税情况，了解什么时候卖出证券能够获得最大税收优势。

巴鲁克一直都坚持挣钱要合理。在巴鲁克的观念中，他一边信守"绝不漏税"，一边又善于"合理避税"。在现代社会之中，有些钱是能够挣的，然而也有一些钱是绝对不能挣的。因此，挣钱必须要在守法的前提下，不能越规，去挣不能要的钱。

那么，巴鲁克到底是如何避税的呢？

（1）让避税行为发生在国家税收法律法规许可的限度之内，做到合理合法。

（2）巧妙安排经营活动，努力让避税行为兼具灵活性和原则性。

（3）必须充分研究有关税收的各种法律法规，努力做到在一些方面比国家征税人员更懂税收。

对于股票交易者来说，也要考虑税收因素。

作为公司财务管理的三大政策之一，股利政策一直是现代西方公司财务管理中的一大难题：税后利润究竟作为股利分配给股东好，还是留在企业作为企业内部积累好？究竟采取哪种形式支付股利有利于公司发展，更有利于实现股东权益最大化？诸如此类的一系列问题至今尚未有统一的说法。不过，无论上市公司采取何种股利政策，它都必须将股利分配所处的税收环境考虑在内，对股利分配形

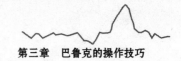

式进行税收筹划，尽可能降低税收负担，这已成为公司股东实现收益最大化的一个重要内容。下面以美国为背景，介绍在不同的个人所得税税收政策下，上市公司和纳税人是如何对不同的股利分配政策进行税收筹划的。

1. 美国上市公司股利分配形式及所得税政策

股利支付方式和支付率是公司股利政策两大核心内容，不同的股利派发方式反映了公司的不同经营方略，对投资者和市场也会产生不同的影响。股利支付方式有现金股利、财产股利、负债股利、股票股利和股票回购股利等派发方式，最常见的是现金股利、股票股利和股票回购股利。

现金股利（CASH DIVIDENDS），就是以现金的方式发放的股利。在美国，现金股利一般被看作纳税人的普通所得，需要缴纳个人所得税。目前，美国个人所得税实行五级超额累进税率。1999 年的税率分别为 15%、28%、31%、36%和 39.6%。不同申报身份（单身申报、已婚联合申报和个人以户主身份申报）的纳税人适用不同的税率表，美国每年按照通货膨胀率对税率表进行指数化调整。

股票股利（STOCK DIVIDENDS）是股份公司以本公司的股票作为股利发给股东的一种股利，该方法一般有两种情况：利用"可分配利润"转增"股本"，或是利用"资本公积金"或"盈余公积金"转增"股本"。1919 年，美国最高法院在一起案例中裁决，发给股东的股票股利不构成股东的收入，因为它既没有使公司的财产有所减少，也没有使公司的财产有所增加。这一思想的内涵是，如果所有股东同比例增加股票，则所有的股东对公司的所有权没有改变。几年后，这一思想用法律的形式确定下来，并一直沿用至今。目前，按照美国联邦税法规定，纳税人取得的股票股利属于不予计列的收入项目，免予纳税。

　　值得注意的是，在发放股票股利中，如果改变了股东对公司所拥有的权益，那么这种股票股利就不是免税的。例如，如果股票形式的股息的领受者有一个选择权，可以选择领股票或领现金的话，该股票形式的股息要被视作选择了现金股息而被征税。此外，按照美国纽约证券交易所规定，当股票股利发放率低于25%时，股票股利的每股价格应按公允价格来计算（通常取其市场价格）。这种按股票市价实施送股的方式对上市公司提出了较高的要求：上市公司只有在具备较高盈利水平时，才可能具备高比例送股的能力。由于大多数公司不可能做到这一点，它实质上是对公司送股能力的一种限制。正因为如此，美国公司较少采用股票股利，或者即使送股，上市公司的送股比例也很低。

　　股票回购股利（SHARE REPURCHASE）则是指以回购本公司股票的方式向股东发放股利的分配方式。股票回购这种股利分配形式，它所产生的所得在税收上一般被称作资本利得。一般说来，出于现代经济自身的特点和资本利得的内在要求，为了消除通货膨胀的影响，同时也是为了鼓励风险投资，促进经济增长，不少国家都对纳税人的资本利得实行优惠政策。有的单独开征资本利得税税种；有的虽然没有实现单独开征，但也规定了不同于一般所得的轻税或免税政策，如实行低税率、税基折征等。

　　就美国而言，1921年就开始对纳税人的资本利得提供一些特殊的税收优惠；1987年前，美国税法规定个人可以扣除60%的净长期资本利得，仅就剩余部分纳税。1997年通过的美国1997年税收法案规定：在1997年5月7日至7月28日出售的资产，拥有时间1年以上的为长期资本利得；在1997年7月29日以后出售的资产，拥有时间1年零6个月以上的为长期资本利得。在上述两种情况下，长期资本利得适用的最高税率为20%。而如果纳税人的普通所得税

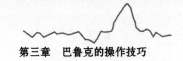

税率为 15%（1997 年，该税率适用于应纳税所得额在 24650 美元以下的个人申报纳税人或应纳税所得额在 41200 美元以下的夫妇共同申报纳税人），那么长期资本利得适用的最高税率则降为 10%；对于 1997 年 7 月 29 日以后出售的资产，还增加了一个中期资本利得的概念，即拥有时间在一年以上，但不超过 1 年零 6 个月。中期资本利得适用的最高税率为 28%，短期资本利得适用的最高税率则为 39.6%。从 2001 年 1 月 1 日起，如果纳税人的资产拥有时间超过五年，那么长期资本利得适用的最高税率从 20%进一步降到 18%。如果纳税人的普通所得税税率为 15%，那么长期资本利得适用的最高税率则从 10%进一步降到 8%。

2. 直观的税收筹划方式

美国经济学家莫迪格里安尼和米勒于 1961 年发表了题为《股利政策、增长和公司价值》的文章，全面阐述了股利无关的理论。按照这个理论，在不存在税收的条件下，公司的股息支付不影响投资计划，从而与公司价值无关。这也意味着公司股利分配形式是无关紧要的。但是税收是不可避免的，特别是在以美国为代表的西方发达国家，税收已经深入到一国经济社会生活中的方方面面。当把税收因素考虑进去后，尤其是在个人所得税税率高于资本利得税率的情况下，股利政策又是如何影响公司价值的呢？

在这种情况下，股利无关论的前提已经不复存在。很显然，只要股息收入适用的个人所得税税率高于资本利得的税率，股东将情愿公司不支付股息，他们认为资金留在公司里或用于回购股票时自己的收益会更高。或者说，这种情况下股价将比股息支付时高。如果股息未支付，股东若需要现金可随时出售其部分股票，这就会使他们支付的资本利得税比他们收到股息时所需缴纳的个人所得税低。这是美国上市公司税收筹划的第一个方面，也是最直观的一种方式。

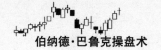

3. 巧妙的税收筹划方式

尽管美国的个人所得税税率高于资本利得适用的税率，但由于客户效应、股利显示信息机制以及降低代理成本等原因，上市公司大多时候还是采用现金分红的股利分配方式。在这种情况下，纳税人又是如何进行税收筹划的呢？

实际上，即使在这种情况下，许多股东就股息所缴的税也并不一定高于资本利得税。这是因为投资者可以通过自身的负债杠杆对股息收入进行避税。为了说明这种税收筹划方式的原理，举一例来加以说明。

假定1999年初，美国一公司预计将取得每股1美元的收益，而且该公司按照稳定性的股利政策于年末向股东按每股0.4美元支付股息。又假设阿肯色州的克林顿先生持有该公司1000股股票。这样，1999年末克林顿先生就可获得400美元的股息。按照规定，这400美元股息需要缴纳个人所得税。为了规避税收负担，根据税务代理人的建议，克林顿先生可以在年初按照年利率10%借入贷款4000美元，并用其买入年利率为10%的地方债券。按照规定，克林顿先生的贷款利息400美元就可以从年终总收入中扣除，这样克林顿先生虽然1999年取得了400美元的股息却不需纳税，与此同时他还获得400美元享受免税待遇的地方债券利息。如果克林顿先生是一个适用较高税率等级的美国富翁，通过这种筹划方式，他还可以得到更多的税收好处，比如说免于因股息增加总收入而产生税率档次爬升现象等。当然，美国的联邦税法是非常复杂的，通过上述方式进行避税也需要付出交易成本，但是，尽管如此，这种税收筹划方式还是比较巧妙的。

4. 独特的税收筹划方式

任何一家公司都会因其自身的特点、所处的特定环境而存在一种仅适合于该公司的股利政策，也不存在一种适合于所有公司的股利分

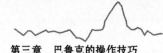

配政策。关于这一点，美国波克夏·哈撒韦尔公司绝无仅有的股利政策就是一个重要例证。实际上这也可以看成是美国上市公司股利分配政策税收筹划的一个非常特殊的方式。

按一般美国公司的做法，前景越好、业绩越好的公司股利水平相应也会较高，而不分配股利的公司往往是亏损公司。但哈撒韦尔作为一家业绩卓著的公司，长期以来坚持既不分红也不分股的股利政策，以至于到 1998 年底，该公司的总股本仍仅为 226 万股，而每股价格已近 8 万美元。对这样一种股利政策，哈撒韦尔公司的董事长、世界著名的投资大师沃伦·巴菲特作出了解释。他列举的一个重要原因就是，不分红避免了股东与公司被双重征税，并且也不必在支付红利上费什么精力，这样就可以把红利重新投资以获取更多的投资收益。

第四章　巴鲁克的操作规则

巴鲁克说，应用股市投机术各种交易模式必须遵循一定的交易原则。交易原则就是根本，就是方向，就是操作纲领。无原则运用交易模式就会失去根本，迷失方向，会让超大概率盈利模式变为亏损模式。

早期多次失利以后，巴鲁克开始养成严于律己的操作方式。他的必要纪律，就是绝不根据小道消息或者内幕购买股票。

换言之，要想达到盈利的目的，你应该建立自己的操作规则。否则，太多的可能会让你无所适从，其结果将是毁灭性的。在心理上最难的地方在于：你必须构建自己的规则，并完全由自己为这些规则所出现的后果负责，这是巨大的责任。

一、不要相信"内部消息"

巴鲁克说，在采取行动投入辛苦钱之前，必须要掌握事实。他告诫大家，那些很可能不懂股票的人以专家自居透露小道消息时，千万要当心。他回忆起，1929 年末的一天，一个定期受他施舍的乞丐告诉他，自己有股票小道消息。人们喜欢把此事与约瑟夫·肯尼迪的经历进

行比较。约瑟夫·肯尼迪是美国前总统约翰·肯尼迪的父亲，20世纪20年代一个很成功的股票投机家。据说，在1929年股市崩盘之前的暴涨中，一个擦鞋童曾经向他透露过股市小道消息。肯尼迪认定，假如连擦鞋童都已经成为股市专家提出购买建议，市场一定已经接近顶部。也就是说，假如大家都已经投资股市，一切需求都已经得到满足，那么股价已经不再有持续上涨的空间。当然，乞丐向巴鲁克提出建议，与鞋童向肯尼迪透露小道消息，正好都发生在1929年大崩盘之前。他俩无一不是在崩盘之前，就已经对很多股票进行平仓，而大多数交易者却遭到了毁灭性的打击。

巴鲁克如此说道："对任何给你'内幕消息'的人士，不论是理发师、美容师还是餐馆跑堂，都必须要小心。"

巴鲁克提醒交易者要谨防所谓内幕消息或是道听途说，交易的错误通常由此而造成。

内幕消息！大家都期望得到内幕消息啊！人们不但希望得到，而且爱向他人提供。这里面既有贪婪又有虚荣的成分。有的时候看见那些非常聪明的人到处打听这些内部消息，实在让人感慨。而那些透露消息的人对消息的质量无所谓，由于寻求消息的人并不是真正追求好消息，而是追踪所有消息。

巴鲁克是这样评论内幕消息的：

"至于内幕消息，这次挫折教会了我一点，即人们有时候不经意地透露出一些话语，实际上是故意要将小米诺鱼引进网中，好来喂大鱼。我做了一回很小的米诺鱼。

往往有人编造内幕消息来误导易于轻信的人，并且关于内幕消息，情况不只是这样。尽管内部人了解他们公司正在做什么，他们也可能由于了解内情而疏忽大意，犯下很愚蠢的错误。

对于内幕消息好像有些方面会让人麻痹，使得你很难运用分析推

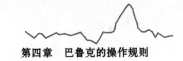

理的理性思考能力。主要一个因素就是，对于了解他人所不了解的事情，人们很重视，哪怕并不是真有其事。一个人要是没有特别的信息渠道，可能会去研究某一个形势下的经济事实，会冷静地以此为据进行行动。假如要让同一个人有了内幕信息，那么他会觉得自己比他人聪明得多，这样连最显而易见的事实他也会当作无关紧要。我看到过有的内部人士不愿意卖掉股票，几乎每个人都已经看清他们必须卖出的时候，他们依然死死捂住不放。

从长期实践中来看，我发现人们依赖自己对经济事实进行冷静而客观的判断是更为可取的做法。

不必怀疑的是，在股票市场欣欣向荣时，内部消息传递是最多的。让人感到悲哀的是，在市场上涨期间，至少会有一段时间不管是谁提供的内部消息好像都很起作用，这仅仅会将人们拉进市场、陷得越来越深。

假如消息能带来了好处，不错！若没有，下一个会带来好运。我想那些到交易厅里的交易者，他们大多数总是相信内部消息。对于承销商和市场操纵者而言，源源不断的内幕消息被变成一种理想的宣传手段，是世上最好的推销兴奋剂。既然寻求的人和需要的人均是传递者，那么内幕消息的宣传便成了一种循环链式的广告宣传。打听内幕消息的人在一种幻觉下奔波着，此幻觉就是只要以恰当的方式传递，就无人能够抵御内幕消息的诱惑。这些内幕集团仔细地研究过巧妙地传递消息的技巧。

由于我的工作关系，曾经有很多的人向我打听所谓的内部消息。

他们知道我认识许多上市公司的董事长，因此他们自然觉得我的消息最灵通。然而，实际上，我不了解任何所谓的内部消息，我能够想出来的所有的结论，都能够公开发表，并且基本上都已经公开发表过。每次我这样回答对方，他们总是暗中怀恨我一下，好像我有什么

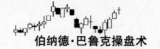

好东西，不肯拿出来与大家分享。

实际上，我自己也从不相信所谓的内部消息，很多的内部消息都是彻头彻尾的骗局，甚至连上市公司的董事长对其公司股票的价格走势，也是拿不准的，除非他是个不务正业的董事长，成天想着从股市上捞一把。"

下面是发生在美国的一个真实故事，能够解释绝大多数内部消息的秘密。

坐落在婆罗洲的锡业的一个机构为了将股票卖给利文斯顿——他是美国当时著名的投资者，于是故意在利文斯顿老婆吃饭时，安排了人装成投资机构大老板的样子，在旁边的桌子上大谈这个锡矿的增长潜力以及股票拉涨价位。

其实，他们的目的是让利文斯顿老婆将这个消息传递给利文斯顿。他们的第一个目的达到了，利文斯顿的老婆的确对自己偷听到的"惊人秘密"深信不疑，并且将自己的全部身家都购买了这只股票。

然而他们的第二个目的没有达到，他们不了解利文斯顿的老婆是不服她丈夫的，她一直幻想着有一天赚一笔大钱给丈夫看一看。目前，她觉得自己的机会来临了，所以她并没有告诉她老公这个消息，她在等待羞辱老公。

不久之后，当利文斯顿看到婆罗洲锡业的股票开始上升时——这正是庄家给利文斯顿制造的假象——不仅没有去追，反而将已经持有的部分全部卖给了庄家。这就是大多数消息的实际来源，尽管庄家本人，也可能并不了解他深信的所谓内幕消息的确切来源和产生原因。然而，交易者依然是那么的迷恋消息，一点不知道消息本身就是交易者最大的敌人。

巴鲁克认为，应该了解事情的真相。这句话代表巴鲁克对传言的态度。1893 年，巴鲁克听说美国酒精制造公司正在酝酿与其他三家大

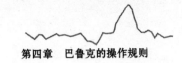

型酒精企业合并，于是投入了他全部的积蓄。顺便说一下，巴鲁克在年轻当学徒时就被称为"消息王"，他可能是那时候全美关系网最强的几个人之一。可是此交易使得他几乎倾家荡产，甚至不得不卖掉了刚送给新婚妻子的马车。

面对层出不穷、鱼目混珠的各种信息，大多数交易者往往感到无所适从。因为不进行甄别地依赖信息进行投资决策，最终造成经济损失的现象经常发生。作为一名成熟的交易者，必然提高自身判别信息质量的能力，理性运用市场信息。

当前，交易者面临的信息环境呈现出如下特点：

（1）信息数量多。随着股票市场的不断发展，市场信息库也越来越庞大。除了大量的经济基本面信息、交易信息以及公司披露信息日益增多，还有各种财经信息、宏观经济分析、行业分析报告等。面对这些海量的信息，交易者通常面临选择困境。

（2）信息来源杂。股票市场信息的生产者和发布平台多种多样，证券监管机构、上市公司、证券公司、交易所、证券研究或咨询机构、财经媒体以及专业信息服务商等通过报刊、电视、广播、手机及网络等多种平台传播信息。特别是互联网出现后，发布并传播信息的成本变得较低。纷繁庞杂的信息来源则意味着信息"噪声"更多，信息失真的可能性越大，获得有效信息的障碍也越多。

（3）信息质量参差不齐。因为信息庞杂、渠道多样，信息损耗以及信息扭曲的情况时有发生，信息质量参差不齐的问题仍然存在。市场中冒用证券公司名义建立假冒网站传播虚假信息，非法开展证券信息咨询服务的现象还没有杜绝，交易者仍需保持警惕。

交易者作为证券信息的需求主体，只有提高自身识别信息的能力，才能扫除在信息获得中存在的各种障碍，优化信息的运用效果。笔者提出如下几点建议：

第一，通过正规渠道获得信息。证券监管机构以及交易所、证券期货行业协会、登记结算机构等市场自律组织向市场发布的信息，通常可通过其官方网站或证监会指定的信息披露媒体查询。上市公司依法应当披露的信息，必须在证监会指定的信息披露媒体发布，同时将其备置于公司住所、证券交易所，供社会公众查阅。其他证券信息，交易者可通过正规的报纸、网站及书刊等渠道获得。在互联网上查询证券信息的时候，建议交易者牢记证券监管机构、自律组织、开户证券公司以及存管银行等常用网站域名，直接在地址栏输入之后进入，尽可能不要使用搜索引擎链接访问。

第二，培养独立决策的投资能力。交易者在入市前就必须学习并具备获得信息和分析信息的基础知识以及必要技能，而且需要判断自身的风险承受能力是否与投资品种的风险等级相适应。股票操作中，交易者可以参考正规渠道提供的各种信息，然而绝对不能不加甄别地依赖信息传闻进行投资判断。

第三，增强风险防范意识。交易者在获得相关证券信息时，对于那些"内幕消息"、"保证盈利"、"天天涨停"等蛊惑性词语必须提高警惕，不听信和盲从。不法分子通常以此类虚假信息诱惑交易者，从而实施诈骗活动。交易者必须增强防范意识，维护自身利益。

二、坚守自己最熟悉的领域

巴鲁克说过："既然没有人彻底了解所有的投资，一个人最好坚守自己最擅长的那块。"这是他坚持的看法。

他认为，无人能完全掌握所有行业的投资要领，最好的投资方法

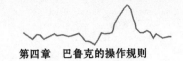

就是找到自己最熟悉的行业，接着将所有精力都投入进去。例如在农产品方面投资多次失败之后，他几乎不再碰农产品，由于他坦言一直不能掌握农产品的投资诀窍。

巴鲁克曾由于不熟悉咖啡而损失惨重。他说："当我计算我在咖啡、糖、棉花和其他商品上的总交易量的时候，我的自信心遭受沉重的打击……总是有如此的情形，实际上我投资的商品领域从来没有衰退；我买入的东西等着我为其付出代价时（尤其是我想要放弃它的时候），忽然变成另外一种情况。"

1905 年春天，巴鲁克接受古根海姆家族的任务到西部进行收购冶炼公司的时候，他购买了很多咖啡业股票。

他在赫曼·希尔肯尼的建议之下进入咖啡市场，希尔肯尼是巴鲁克在铜业联合公司取得成功的一位英明的顾问，是美国最大的巴西咖啡进口商，他所讲的有关该市场的事绝对是权威。

……当巴鲁克最后抛出的时候，他的亏损高达 70 多万美元。让他难堪的是，他被迫承认他是被人误导的，此人曾经向他展示永恒不变的供求定律；他还被迫承认他无法认清事实，牺牲掉好股票来填补这一损失，继续让亏损蔓延。这样的经历的确让巴鲁克反胃。

巴鲁克认为，亏损带来的痛苦只是其次，关键在于信心受到巨大的打击。因而他痛下决心，对于自己不熟悉的东西决不再冒巨大的风险。巴鲁克是这样总结的：

"有的人认为自己无所不能——买卖股票、涉足房地产、经营企业以及从事政治活动都能够同时做。依据我自己的经历，没几个人能够同时做一件以上的事情——并且还都能够做好。无论在哪个领域里，一个娴熟的操作者会获得一种近乎本能的感觉，此感觉能让他认识到很多东西，对于自己意识到的东西他甚至都很难解释。要想投机获得成功，必须要有许多专业知识，比如在法律、医学以及其他任何职业

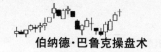

想获得成功，都需要许多专业知识。那么，资金不太充足的人，只是想让自己的钱获得公允收益，又不能全职研究投资，应该怎么办呢？对于这种人，我的建议就是，想方设法找到某个值得信托的投资顾问。没有利害关系并且小心谨慎的投资分析师，而且不效忠于哪家公司，也不跟哪家公司结成联盟，他们的工作只是根据某只证券自身的品质判断其优劣。"

在巴鲁克看来，没有任何事比在一个自己不熟悉、不了解的市场中冒险更为愚蠢的了。这样做的后果，就像是一只无知的羚羊闯入了狮群。"不熟悉不做"、"看不懂不做"应该是证券交易的最高原则。

被誉为"股神"的巴菲特与巴鲁克的观点非常相似，多年以来也是始终坚持了不熟不做的投资原则。他曾说过："我们的核心在于试图寻找到那些在一般情况下未来 10 年或是 15 年或是 20 年后的企业经营情况能够被预测的企业。"这就是巴菲特的能力原则，有的人从中发现，巴菲特重仓锁定集中持有的股票大概都集中在金融、消费品及传媒等日常生活中所了解的领域，而可口可乐、华盛顿邮报、吉列刀片及富国银行所经营的都是每天所见的已了解的产品。巴菲特自觉远离那些自己能力很难把握的投资品种，简单扼要来说，他从来不碰那些尽管看上去有很高收益但自己完全不了解的企业。

巴菲特还说："必须要在自己的理解力允许的范围之内进行投资。"对不熟不做的投资理念多加运用，在操作过程中可以投资一些自己熟悉的公司。熟悉的公司主要分为以下 3 种：自己所在地的上市公司；自己所处行业的上市公司；基本面比较了解或很容易了解的上市公司。

所谓熟悉的公司主要是指公司的基本面信息极易收集，具体经营状况极易掌握的公司。在收集信息过程当中，许多重要的信息都来源

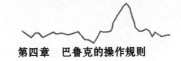

于上市公司的年报、半年报或者季报。巴菲特在识别相关信息时也有其独特之处，他通过两个方面来评估股票价值和股价升值的潜力：一是对上市公司现状进行分析；二是对公司未来发展进行估算。例如，他于 1987 年投资可口可乐，那时候他对可口可乐的现状进行了分析——可口可乐是当时最大的软饮料销售者，最佳的品牌，最佳的分销渠道，最低成本的生产商以及装瓶商，高回报，高现金流，高边际利润；对可口可乐将来发展进行了估算——10 年之后可口可乐的收益预计高达 35 亿美元，大概为 1987 年分析时的 3 倍。经由认真的研究发现该股当时具有投资价值，因此他集中投资，并且重仓进入，此后股价向价值回归，让巴菲特管理的基金保持稳健迅速增长。

投资股票还必须购买自己熟悉的行业的股票。大多数在美国股市淘金的交易者都知道，投资股市也是正当的生意，每日动辄数万、数十万的资金进出与正常的生意没有任何区别。大家在开始自己的生意之前，不管是开餐馆还是电脑公司，都会弄清楚自己是否掌握并拥有了专业知识或者专业人才，假如自己不懂做菜或者请不到大厨师而贸然开餐馆，必然会赔上老本。

投资股票也是这个道理。假如投资不熟悉的行业，不了解其产品的优劣，最后自然是拿自己的血汗钱开玩笑，大多数交易者是不会犯这种错误的。

一个成功的交易者不必什么都懂，无论什么市场都想插上一脚，试图成为"全能交易者"既不可能，也没有必要。他仅仅需要在自己最擅长、最熟悉的 2~3 个市场活动就可以了。哪里有大级别的趋势，就应该将资金分配到哪里去；哪个市场长期处在横盘状态，就应该离开哪个市场。

三、纪律高于一切

巴鲁克说，最关键就是做到坚持交易纪律，不要因某一事件的影响而轻易违反这些"纪律"。

巴鲁克认为纪律高于一切，他严守交易纪律，埋头研究，认准事实，而不是总结出很长很长的交易规则目录。巴鲁克在整个交易生涯当中，都严格地遵照自己制定的策略，在交易中严守纪律，从而成为股市名流。

巴鲁克总结出：成功的投机者，应该遵守这六大纪律：

第一条，不要听小道消息，要相信自己。

第二条，要对每次的交易加以总结。

第三条，不要告诉他人自己的操作思路、操作目标以及操作观点。

第四条，不要每时每刻都在股市交易，特别是在无趋势的市场中。市场不可能每天都提供好的操作机会。看到下挫市场或者熊市就应该空仓休息。

第五条，投资目标必须要集中，坚决反对投资目标太过于分散。

第六条，了解自己的性格，之后选择适合自己投资性格的投资标的。交易者对自己投资的品种要了解。巴鲁克认为：假如买一家上市公司，就要对它的基本面的情况加以详细地了解。亏损的原因往往是由于自己对投资的标的了解太少。

这六条投机纪律都是巴鲁克严格遵循的重要纪律。

控制风险的唯一方法就是纪律，不遵循交易纪律迟早会被踢出这个市场。由于每个交易者的资金都是有限的，交易纪律能够有效地保

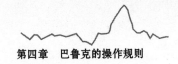

护你的资金，除非你有无限的资金，那么你就是永远的胜利者！

交易中最重要的是什么、最难做的是什么？巴鲁克的回答是：遵照纪律！遵照纪律最重要！遵照纪律最难！遵照纪律重于一切！

纪律是交易盈利的保证！交易中的所有行为都需要纪律来约束，并不是靠自己对市场的判断来作出决定。严格而有效的纪律应该建立在严密而有效的交易系统之上，你必须相信你自己认可的交易系统而不要相信自己的盘感。遵照纪律的前提是你必须有有效的交易规则，而获得有效的交易规则并不难，任何有关交易的书都有，在获得了有效的交易规则以后，剩下的工作则是遵照纪律，并且执行规则，而不是按照自己的分析和判断来破坏规则。100多年形成的规则不是凭你几天或者几年的交易经验就可以否定和创新的，《圣经》上说：阳光之下并没有新鲜事情。其实指的就是这个道理。

那么纪律是什么？你确实了解纪律吗？纪律是100多年来交易市场上各种成功和失败经验的高度总结，是以无数金钱和心血所换来的成果。翻开证券交易历史，你便会发现在市场里多少人曾经犯过幼稚可笑的错误，可是现在和将来这些幼稚可笑的事件一定会重演。即使市场在前进，时间在向前，然而人性不会改变，人们对金钱的贪婪不会改变，人们想征服自然与市场的欲望不会改变。大多数的人极易忘记历史，也不愿意去看一看历史，这造成他们根本就不可能真正理解纪律，或是尊重纪律。所有都是崭新的，我们就是这个时代的主人，大多数人就是这样来认识市场。不尊重历史的人就不可能真正理解纪律的重要性及严肃性。

历史上每个成功交易者都会对自己的操作作出深刻的总结，每个成功交易者的总结汇集在一起最后才形成市场上铁的纪律，这是比黄金还要珍贵的财富，可是大多数人却视而不见！他们总是从自己开始，来经历一遍市场的洗礼，并且大多数人就消失在这个洗礼

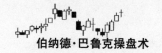

的过程中。你应该懂得一两代人的经历都不足以能够形成成熟的市场纪律，何况你短短的交易经历呢？你应该将交易纪律当作法律来看才能够少犯错误和生存发展下去，交易纪律就是市场上的法律！不遵照纪律就是违犯法律！人的行为必须要法律来约束，否则的话社会将会大乱，同样交易行为也需要交易纪律来约束，否则的话交易会将你带入深渊。遵循纪律的难度跟遵循法律的难度一样。大家总是认为纪律是一种约束，总是妨碍我们自由的交易和行动，却忘了纪律在始终保护我们的安全。此外，不守纪律有时也可以获取暴利，而守纪律却往往会失去这种机会，此现象极有冲击力，引诱许多人放松了安全警惕而站到破坏纪律的队伍中去。你应该懂得：不遵循纪律获得的只是暂时的暴利，它很难长久，而遵循纪律获得的却是长久的回报，千万不要因小失大。交易者很难遵守纪律的最根本原因是他并没有真正理解纪律的重要性，他总是被市场的短期波动所带来的因遵循纪律而受到的伤害或者由于不遵循纪律而获得的短期利益所蒙蔽，这种蒙蔽让太多交易者丧失了自己，从而最后消失在市场的波涛里。

无论任何时候你都不要在市场本身没有给你发出入场或离场信号时开始交易，你可以按照自己所掌握的资讯得出市场可能要上涨或下跌的判断，然而切不要领先市场而动，应该要等到市场给你这个交易信号以后才能入场，只有市场确认了你的判断你才能行动，这是遵循纪律的精髓！也就是说遵循纪律不是一件单纯的事，而是一个需要各个方面来配合，适应自己的交易系统以及交易规则的前提和基础，大多数人根本就没有自己的交易系统和交易规则，因而也就无从谈起遵循纪律，由于对他来讲根本就不存在什么一贯的纪律，无规矩不成方圆，他的交易结果自然可想而知。

要接受止损对了是对的，止损错了也是对的这种观念。

　　严守操作纪律，也只有遵循每一笔策略的信号，才可能抓住每一次交易的盈利！股票操作是一项严肃的工作，不要去追求暴利，因为暴利是不稳定的，我们要追求的是稳定的交易。股票交易的本质不是考虑如何赚钱的，而是如何有效地控制风险。风险管理好了，利润自然而来，交易并非勤劳致富，而是风险管理致富！

　　杰西·利弗摩尔说过：利润总是能够自己照顾自己，而损失永远不会自动了结。这句话极其经典，很值得每个交易者天天学习。只有遵循纪律的人才能做到让利润自己照顾自己，让损失尽快了结，这也是对纪律最好的解释。若交易者能够真正理解这句话，那么他就已经充分认识到了交易纪律的重要性了，也就完全理解了为何遵守纪律在交易中重于一切了。

　　交易纪律可以保护你的账户在安全的情况之下让它不断增长，由于亏损的最大根源就是不遵循纪律，你完全可以总结一下自己的操作经历，看一看情况是否是这样。

　　在股票市场作战，就像军队在战场上的情况那样，应该特别注重纪律。你的每个操作计划中的每个步骤都是整体部署策略的一部分，不能临场随意改变。你的所有修订都需要预先计划好，并且在条件符合变化时才能执行，在操作过程中的任何情况下的违反纪律而导致的损失都是咎由自取，其侥幸的盈利更应该引起我们客观的痛恨，为此能否有清醒的认识，是业余交易者跟专业的区别之一。

　　有一个先哲曾说过：在股票市场中获胜，这并不关乎聪明才智，全在于交易者的方法、原则以及态度。特别是对纪律的执行，市场中相当大一部分交易者最终会屈服于恐惧和贪婪这两种很常见的感情，而专业交易者则无一例外地严格执行着其策略。顶尖的交易者们具有惊人的纪律性。所以若每个人的纪律性都那么强的话，就会有更多的人在股票市场中赚到钱，那么股票市场的竞争将演变得更

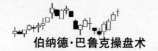

加残酷!

　　股票市场就是一个风险巨大的市场，其在创造高利润的同时一定伴随着另一方的高亏损，而严格执行纪律是唯一能让你避免巨大亏损从而走向盈利的不二法门。铁的执行力包括如下三方面的内容：严格止损、严格控制止损以及严格交易过程管理。

　　严格止损是在股票市场生存的第一要领，与此同时也是一条铁的纪律。之所以如此说，是由于这一纪律执行的好坏直接关系到你自身实力的保存。假如一次判断失误，不立即严格止损，极可能造成巨大的亏损甚至全军覆没。在这条纪律的执行上，必须要坚决果断，不能等、不能看，更不能抱着侥幸的幻想。

　　严格控制止损是在股票市场生存的第二要领，由于止损仅仅是控制每次亏损的幅度，尽管每次都能有效地把亏损控制在尽可能小的幅度上，然而若连续多次亏损，总体累积起来亏损也将会很大甚至极其严重。成功的交易者与其他交易者最大的区别在于，当股票市场行为不当时，他们具有不入场交易的能力，而不是在危险的股票市场上频繁地交易。这需要相当大程度上的自制能力，对于成功的交易者而言，这就是赚钱的关键。此外，通常来讲，若连续三次以上做错，就必须暂时退出休整，一直到状态调整好才能再次进入。

　　严格交易过程管理就是指在拥有市场优势的交易方法以及严格的资金管理制度前提下，对在实战操作中的交易过程进行约束。一个取得许多成功的交易大师，在他的传记中提到的最多的就是"过程约束"，其原因是它是有效实施交易方法与风险控制策略的前提条件。只有在自我约束的前提之下，才能谈到严格执行由交易方法以及风险控制制度组合而成的操作计划的问题。自我约束还有另外一层含义就是一旦产生并不理想的交易结果要勇于认错并独立地思考对策以及错误的答案。

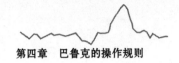

四、赢家是坚持自己原则的人

巴鲁克说过，应用股市投机术各种交易模式必须遵循一定的交易原则。交易原则就是根本、就是方向、就是操作纲领。无原则运用交易模式就会失去根本、迷失方向，会让超大概率盈利模式变为亏损模式。

股市上仅仅有两种赚钱的人，一是坚持自己原则的人；二是真正有内幕消息的人。

巴鲁克之所以成功，最根本的原因是他拥有一套能够持续盈利的交易原则并以一生的时间来坚持自己的交易原则。

巴鲁克提出的股票操作十守则，看起来似乎平淡无奇，应用起来稳扎稳打，很有效。

巴鲁克在他的自传中谈道："我对所有的股票交易规则都抱有怀疑，所以极不愿意多谈。然而就我的亲身经历，以下的几点也许能帮助你自律：

（1）除非你能将股票操作当成全时工作，否则不要冒险。

（2）对任何传递你'内幕消息'的人士，不论是理发师、美容师还是餐馆跑堂，都必须小心。

（3）在你购买股票前，找到公司的所有资料，其管理层、竞争者、盈利和增长的可能性。

（4）不要企图在最低点购买、最高点卖出，这是不可能的，除非你在撒谎。

（5）学习迅速干净地止损。不要期待自己每次都正确。假如犯了

错，越快止损越好。

（6）不要购买太多股票，最好只买入几只，来保证你能够仔细地观察它们。

（7）定期并有计划地检查其投资，看一看有什么新的发展可能改变你的想法。

（8）研究税务情况，在卖出股票时争取最大的税务效益。

（9）永远持有一部分现金，不要把钱全部投入股市。

（10）别让尝试成为万事通，专心于你了解最多的行业。"

很多人误认为市场行为是完全可以预测的。绝对不是这样。在市场中操作，这是一场关乎胜算的游戏，目的就是要永远把握胜算。就好像是任何关乎胜算的游戏一样，为了获得胜利，你应该了解并遵守规则。但是交易守则有一个最大的不同，它最重要的功能是克制你的情绪。如果你已经具备建立头寸的必要知识，其中最难的部分是以正确的方法执行交易。这就是交易守则的功能。

你唯一运用到的东西就是规则，一致性的交易规则会使你站在概率游戏的大数一边。所谓一致性指的是你在任何时候都依照自己的规则做，行情和外界对你没有任何干扰，除非出现了规则内大幅度的损失。

一个真正的交易者仅仅重视两件事：一个是开仓之后行情证明我对了怎么办；另一个是开仓之后行情证明我错了怎么办。

盈利并不是依靠你预测行情的胜率来获得的，而是依靠"你做错的时候尽量少亏，你做对的时候尽量多赚"，这就是交易者与分析师的最大区别。

当你处于市场对你有利的时候，应该贪婪；当你处于市场对你不利的时候，应该心存恐惧。

当你的筹码是有利时，你就要尽量让贪婪的欲望放大。否则的话，

你担当了很大的风险却得不到同样巨大的利润。只有在收盘之后才能明白是震荡还是单边，操作中若要去考虑这些问题，大多数时候会让你自己不知所措。"不符合我的行情时，我尽量少亏，符合我的行情时，我尽量多赚，我从来不奢望任何行情都能够赚到钱。"

交易的原则能够始终如一，然而应对行情的策略需要按照走势作出一些调整，并没有包治百病的方法。无论任何时候，持有盈利单是最安全的交易行为。你可以控制损失，然而很难决定盈利，盈利必须要行情的配合。有的时候还要有点运气。短线操作没有长线操作那么高的资金管理要求，然而基本的资金控制是最主要的，你应该保证连续止损一段时间后资金还能够开和原来同样的仓位，否则的话损失时单量多，盈利时单量少，这样不可能实现资金收益的增长。

亏损是自己能够控制的，盈利则要有行情的支持。不符合自己行情时就尽可能控制亏损，等到符合自己行情时狠赚一笔，没有其他的办法。我从来不会追求完美的交易，我的结算周期是月，不是天，不管什么时候我都不会让自己陷入被动。对于任何交易模式来说，你都必须考虑到如果把这种策略放在一个比较长的周期内，是不是能实现资金收益的增长，而不是用孤立的几个交易日来支撑自己。

我不会为特定的行情来调整自己的方法。唯一的方法是坚守自己的规则，无论他行情怎么走，必须守住自己的底线，并不是全部行情都应该盈利。规则并没有优劣好坏之分，只有恪守的程度高低。唯一能够做到的就是坚守自己的底线和处理单子的一致性原则，盈利并不是自己所能够决定的，有的时候还需要运气，这就是交易的魅力所在。

交易就是如此。行情总是不断地诱惑你放弃自己的原则，放弃机会比把握机会重要得多。不属于自己的行情就不要苛求，我从来不奢

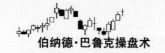

求在任何行情下都能赚钱。赌行情方向的水平，大家几乎差不多，最重要的区别就是谁能拿住单子。持有盈利单的好处并不只是在于可能获取不确定的暴利，至少还有两个好处：一是降低开仓次数，减少整体资金风险；二是有效地回避资金大幅度回撤。

能够坚持住自己的原则，一旦行情来临了，收获的时候也就到来了。

就如同止损一样，为自己设立一个平推幅度。当浮盈达到这个幅度时就将止损价改到开仓价上，其目的是为了在追求不确定利润时来保护本金不受损失。大多数时候，你设计的开仓时机一定会出现的，你缺少的只是耐心，而不是策略，更不是技术。至于方向和开仓，在一定意义上谁都是在赌，你要掌握的就是处理手中的持有的单子，这才是盈利的根本。

你永远不会了解接着会出现什么行情，但你应该懂得：出现什么样的行情之后你会亏损，出现什么样的行情之后你会盈利。对于一个交易者来说，假如你发现大多数时候你的方向判断没问题，却总是由于平推而被止损，拜托，你不懂得把止损幅度或者平推幅度放大一些吗？赌场或是投机市场，最后盈利者都是概率的信徒！

人是必须随着对环境的介入越变越聪明的，然而大多数交易者交易了几年后发现自己跟刚入市毫无区别，由于他们不善变，而市场却是在不断变化的。

总的来说，想要达到盈利的目的，你应该建立自己的规则。否则的话，很多的可能会让你无所适从，最终产生灾难性的结果。

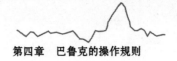

五、让你追随趋势

　　巴鲁克遵循着顺应市场走势，在 1907 年崩盘的时候他没有丝毫的损失。实际上，他在崩盘期间还捐出 200 万美元。其中 150 万美元捐献给曼哈顿银行，来帮助化解崩盘所引发的流通风险，此外 50 万美元捐给犹他铜业公司为员工发工资，从而帮助它不至于停业。

　　巴鲁克在多年交易实践中发现，想要投机成功，就要能够迅速应对市场的瞬息变化。他明白，一旦推动市场趋势的思维惯性出现断裂，牛市就会很快崩溃急转直下。此时，顺应市场的能力就有更大的意义。

　　巴鲁克说，我们不必预测趋势，只是追随趋势，交易成功最重要的因素是有耐心和严守操作纪律。

　　成功操作必须遵守的两个最基本规则：止损和长期持有。业余交易者因为巨大的亏损而破产，所以我们要认赔小钱，坐赚大钱。一是截断损失，控制被动；二是盈利趋势还没完，就不要轻易离场，必须要让利润充分增长。

　　操作策略的最核心要素是找出每一个市场的主要趋势，并且顺着趋势的方向进行操作。"顺势而为"的仓位，极可能有巨大的利润，因此千万不要轻易"弃船"。

　　成功的交易者与绝大多数平庸的交易者不同的是，最想做的事情是赶上现有的趋势，而且在客观的技术指标证实新的趋势确实出现以后才纵身而入，并一直待在船上。只要所建仓位符合大势所趋，并且市场的走势证明趋势对你有利，就必须考虑在适当位置顺势加码，接

着保持仓位不动，一直到你客观分析以后发现，趋势已经发生反转，或是将要反转。

不管是在牛市还是在熊市，顺势而为应是交易者规避风险的主要法宝。顺势而为交易法则是巴鲁克理论的精华，交易者应按照市场中短、中、长期趋势作出相应的操作对策，即不要做市场趋势的精确预测者，而是要做市场趋势的追随者。

巴鲁克认为，从某种程度来说，识别与跟踪股市的短、中、长期市场价格趋势远远比分析判断市场趋势更为重要。这可能是人们最耳熟能详的交易法则。这看起来虽然极其简单，却极易违背。必须记住，趋势一共有短期、中期与长期这三种。每一种趋势都在持续地变动，任何一种趋势的方向均有可能与另外两种相反。短期趋势往往最喜欢发生变动，程度也最剧烈，其次就是中期趋势。

一定要知道依据什么趋势交易，并且了解它与另外两种趋势的相关性。使用1—2—3趋势变动的法则，来判断趋势反转的价位。价格触底反转价位时——马上出场！此外，你也应该尽量预先掌握趋势可能反转的信号。

"顺势而为"最重要内容为：

（1）在进入股票市场之前要认清该市场的价格趋势是上涨还是下挫，确认市场价格趋势之后才能采取具体的操作行动，即上涨趋势中主要以做多为主，在下挫趋势中以沽空为主。必须记住买卖方向不能做错，即在上涨趋势中做空，下挫趋势中买涨是风险比较高的交易操作行为。

（2）股票在购买之后遭遇下挫，卖出之后却上涨，就必须警惕是否看错了市场大势。看错了就要认赔，不要固执己见，必须承认看错方向，早点认识错误就可能将亏损减到较少的程度。在没有买卖操作前，必须设立止损位，不要寻找各种借口为错误的看法辩解，那只会

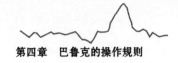

让自己深陷泥潭，亏损更大。

（3）抛掉过度迷信分析指标或者工具的做法，各种技术分析方法或技术指标都有缺陷，过多依赖技术分析指标所谓的买卖信号，有可能遭受被套的危险。相反理论中均价买入法式的越跌越买并不是合理的方法。

从实质上说，巴鲁克的顺势而为操作就是一种"认赔小钱，坐赚大钱"的交易思路。

跟其他所有股市投资方法如价值投资相比，顺势而为操作最大的区别在于：顺势而为操作无任何主观分析判断；顺势而为操作考虑的就是市场当下怎么样，而不是市场应该怎么样或未来怎么样；顺势而为操作方法相当简单。顺势而为操作方法提醒交易者，最简单的交易方法就是让市场价格趋势来指导操作，交易者在实战操作中应该放弃对市场主观性的认知，无条件地跟踪并追随它，顺应市场大势。

从股市实战操作历史经验来看，依据顺势而为操作理念，最有效的顺势而为操作工具应当是移动平均线趋势方向，可以以 30 日均线当作参考。30 日均线拐头往上并维持涨势，表明市场趋势可能上扬；当 30 日均线拐头往下并维持跌势，则表明市场趋势可能下挫。

要想做到顺势而为，应该在理论、实践以及心理几个方面有较高的修行。

（1）弄懂势、看清势，这就是顺势交易的前提。

第一，应该深入学习并掌握趋势分析的经典理论——道氏理论，掌握该理论的精髓和内涵。例如要牢记并且理解趋势的客观性论述：市场趋势一旦产生，一定会发展到它该到的地方，任何因素的影响仅仅是对趋势起延缓作用，并不能扭转趋势。对这一论述的掌握，将使交易者坚定把握趋势的决心，不被其他因素所影响。例如要牢记葛伦

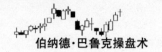

维尔关于趋势理论应用的几项法则：当已经确认价格是上升趋势，每个价格回落的时候都是买入的时机；当已经确认价格是下挫趋势，每个价格上涨的时候都是卖出的时机；当没有确认价格上涨趋势已被反转，每个价格回落的时候都是买入的时机；当没有确认价格下挫趋势已被反转，每个价格上升的时候都是卖出的时机。

第二，必须学会用辩证的思想方法对趋势进行分析。不同市场、不同时期以及不同品种出现的价格趋势，除了趋势的基本性质一样之外，均各具特点。例如，趋势不同阶段的强度不一样；运行的时间有所不同，把握趋势的时机和期望也有区别，等等。

（2）应该在实践中积累经验。

经验就是宝贵的财富，知识通过实践得到进一步升华。无论何种知识只从书本中学习是不会真正学到的，只有从书本到实践，再从实践到书本，多次反反复复才能学到。股票市场的知识也是如此。

顺势的真正含义就是沿着趋势的方向，掌握住最好的交易机会。很明显，当价格在上扬时期，应该在价格回调到支撑区时买入，而当价格在下挫时期，应该在价格反弹到阻力区时抛出，这种操作才算是顺势而为。

顺势而为策略的运用还有一个基本的前提就是，市场趋势应该首先得以确认。失败的交易者通常滥用顺势概念。比如，没有树立市场趋势概念，搞不清楚是有趋势市场，还是没有趋势市场。当市场是没有趋势的时候，他们依然见涨做多，见跌做空，这就是交易者往往挨"左一巴掌，右一巴掌"的原因。因此，搞清楚趋势和趋势所处的阶段是极其重要的。可是将一种策略化为自觉行动，需要一个过程，需要实践的经验积累。一种好的策略就像一部好车，要想用好这部车，不仅要了解车的性能、特点，而且还要经常驾驶，积累经验，熟能生巧。

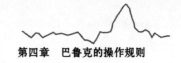
（3）心理因素是贯彻顺势而为策略的最核心环节。

知识和经验能够通过努力学习和实践磨炼得以提高，然而心理问题涉及性格、实力、知识积累以及环境等因素，调整起来见效比较难，而且还有些因素只靠个人力量无法克服。影响成功交易的心理因素主要来源于人性弱点，包括恐惧、贪心、犹豫、拖延及侥幸等人性顽疾。

恐惧是股票操作的天敌，拖延与犹豫事实上也是由心理恐惧所引起的。该赚却不赚，该止损却不止损，怕煮熟的鸭子飞了……均是恐惧心理作祟。例如，价格上涨时交易者通常出现恐高心理，顺势策略无法执行；价格下挫时害怕没有低价位，重价不重势，逆市交易，结果以失败告终。

市场机会通常稍纵即逝，犹豫与拖延是股票交易的大忌。例如，当市场行情突破时，应该在第一时间作出反应，然而很多交易者此时犹豫、拖延的毛病凸现，习惯于"一慢、二看、三通过"，因此当他们进入市场的时候，市场便开始进入调整，从而造成一动就被套。

六、认赔小钱，坐赚大钱

巴鲁克遵守的另一条规则，就是来自于早期所犯的交易错误，这些错误使得他付出了巨大的代价。前面已经讲过，1906 年，巴鲁克进入商品期货市场买入咖啡，就是在犯错误（他并不熟悉咖啡，这是第一个错误），当价格下挫时，他被告诉要坚持（听信他人，这是另一个错误），因而他一直按兵不动，看着咖啡一路下跌。那时候，他还犯了一个很大的错误，就是在加拿大太平洋公司的股票正持续赚钱的时候，卖掉了持有的大量股票。但他之所以这样做，正是为了筹措更多的保证

金，去购买咖啡期货。最后卖出咖啡期货时，他的亏损达到 70 万美元。据说，这笔交易以后，巴鲁克感觉很痛苦。于是他下定决心，再也不操作自己不熟悉的东西，必须要及时止损，盈利的时候不要急于了结。

巴鲁克说，有一件事是几乎所有成功的交易者都同意的：要不是市场偶尔有大震荡，除了短线客之外，到年底时无人能够赚到钱。

也就是说：假如你不追随大震荡操作，那么你就赚不到很多的钱来弥补小亏损。因为你亏损的次数可能多过你赚钱的次数。

获利的唯一方法是，利润必须高于亏损。首先来谈一谈亏损，用正确的眼光来看待亏损，是相当重要的。

买卖股票可以是很赚钱的事。然而在大家心中，它也是一件非常危险的事。金额不大的交易亏损，就是你应该付出的保费，为的是防备巨额亏损。以免发生巨额亏损的唯一方法，则是承受小亏损。

小额亏损仅仅是从事这一行的成本，我们不必由于发生小额亏损而感到痛心。假如我们不愿付出这种保费，那么我们应当从事风险较低的事业。

巴鲁克认为，股票交易时只有一种无法原谅的错误，那就是让小的亏损演变成大的亏损。

稍后你会明白，亚当理论会告诉你如何设定止损点。对不同的交易规则来说，止损点也许不再相同，因为止损点要基于这个问题："到哪一点的时候，我不再要这笔操作？"

在这里所要讨论的不是止损点，是因为到时候你自然明白要在哪里设立止损。这里我们所说的重点是：你愿意一直做这种事吗？假如你不去做它，只要你不做一次，便有全军覆灭的风险。

关于此点，巴鲁克有话要说。

我们人类总是虎头蛇尾。在股票市场里，这就是很要命的行为。在股票市场里，我们可能做对一千次，仅仅错一次——然而就是这次

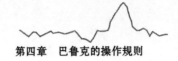

差错让我们的财富将减半，甚至全部破产。

所以，交易者光是积极减少亏损是不够的。他们必须了解，认赔小钱是每天进场出场之间，永远应该身体力行的事。无论有什么理由，都不能例外，不能偶尔不做。

我们一旦开了先例，让损失扩大，我们就一定会找理由这么做，而这些理由又看起来冠冕堂皇和合情合理。因此，我们应该记住，永远没有例外。虽然我们总是只赔小钱，但是不能让损失扩大。尽管诱惑很大，我们也不允许有一次出轨。

我们还没有提到，成功的交易者在任何情况下，都不会"摊平"，换言之，在原来亏损的部位再加码。为何在原来亏损的部位还要再加码？我们怎么能使用哪种方式来"映射"市场呢？我们唯一要增加进货的部位，是那些已经盈利的部位。这样的话，我们才算是随势操作，跟随市场所走的方向而走、乘胜追击、臣服于大势之下。

你有没有看过下面的现象？某交易者建立了某个部位，此后才发现市场走势对他极不利，因此他抱紧部位，希望市场不会恶化，同时死也不肯承认市场已经恶化。

在我们发现自己正在期待市场出现某种事时，马上平掉部位，这是最保险的方法。

人的心理运行的方式非常奇怪。通常大势不利于某个部位时，我们心里还是不觉得自己真的赔了钱，除非我们拿起电话，将部位平掉。这还用说吗？钱早就赔掉了。

因为我们不肯轻易承认自己的错误，并且不肯在错误时放手，因此我们几乎不可能一直在市场中盈利。

当代一位最伟大的交易大师说过这样的话："你可以做错许多事，然而只做对一件事，也就是赔小钱，就能够在这一行中赚许多钱。"

有个操作很成功的朋友告诉我，他当初的两年是在芝加哥度过的，

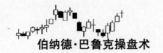

他只是学习了一件事情，那就是如何迅速脱手赔钱的部位，并且这种部位出现一百次，就做一百次。

我们这个时代或可算是最伟大的一位炒手这样说道："交易的秘密在于你如何处理错误的部位，而不在于你如何处理赚钱的部位。"

另一位非常成功的炒手也说过："最重要的事情就是保本，赚钱的方法是认赔许多小钱。"

如果认赔大钱会使我们万劫不复，然而认赔小钱却不会。我们应该这么想，如果市场对我们很不利，为何我们还要待在里面？如果市场又会对我们有利，我们总有机会再回来。

这件事情看起来好像连五岁小孩也懂，然而你一定会大跌眼镜，因为我看过许多交易者一再违背认赔小钱的法则。

总的来说，就是一句话：不要烦恼所赚的钱，应该注意的是亏损。

假如你能照顾赔钱的部分，赚钱的部分就会照顾自己。

据我的经验，我认识一位很成功的交易者，他不使用止损点，并且作风有点像是营业厅里的快枪侠。其他我所认识的人，则是使用止损而经常获利。我相信，其中必然有什么道理存在。

曾经在市场中抱有部位的每一个人都懂得，一旦你拥有了部位，你便会变得较无理智和较不客观，而显得很情绪化和主观。一旦我们进入市场，我们就会被锁在其中，就会开始找证据来证明自己是对的。那么我们被那个部位牵着鼻子走，恐惧与贪婪也会爆发。

我们处于场外的时候，头脑会比较清醒，假如我们错了，这是决定退出的最佳时刻。

所以，设立止损点的目的，就是要在激战之中，迫使我们在必要时作出离场的决定。

假如没有止损点，那么在部位开始变得对我们不利时，我们会受到极大的诱惑，抱着"观望"态度。之后我们就不再去"映射"

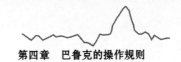

市场。最后我们会说，自己的意见比发生的事实还重要，灾难随之而来。

若没有止损点，我们就如同处在狂风巨浪中，一艘没有舵和锚的小船——我们极易成为情绪和推理的牺牲者。

运用止损点的第二个重要理由，是它们在市场中行动的速度要比我们快许多。尽管我们只花十五秒就能在营业厅中执行单子，遭到市场瞬间对我们不利时，几秒钟的时间会像几小时那么难挨。而这又是假设，我们最好不要遇到延误或有问题的状况。

在市场突然暴涨或暴跌的时候，设立很妥当的止损单不知救了我多少回。

设立良好的止损单是无价之宝。交易时千万不能没有止损单。没错，营业厅交易员知道在何处设止损，他们也到处找止损。这没有关系，止损的好处远超过它的坏处。

当股票市场的确开始上涨时（而这也正是我们想进场时），营业厅交易员确实很难找到止损点。这时候，市场的动力太强大，设立止损点不易。

我见过有些交易者不设止损的理由，是由于"我不想止损离场"。然而这也正是止损的要点，也就是在部位对我们不利的时候，让我们赔点小钱离场。假如部位又转而对我们有利，我们总有机会再次进场。

交易者所犯的最严重错误，是让小亏损变成大亏损。不设止损的话，这种情况发生的可能会高出很多。止损一旦设立，就必须永远维持。不然的话，最初何必设止损？

若你运用的是当日止损（也就是在交易日结束时消失），那么你在隔天开盘前，就应该设定下一天的新止损，价格一样或更好（也就是向操作所需的方向移动止损）。千万不要往后调整止损点，或者

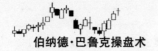

取消止损。

止损所设的位置应该在亏损发生时，金额不足之处。所设止损如果会发生大亏损，就失去了设定止损的本意。

我们这个时代一位最聪明的炒手说："亏损不能大到让人心痛的地步。"

七、利用市盈率买卖股票

前面讲过，巴鲁克由于坚守"永远不要随大溜"、"东西看起来价钱足够便宜，我就购买，看起来价钱足够高，我就卖出"的行动原则（股价便宜是否的参照标准，按现在说法就是对历史的、现在的和预期将来的市盈率这种最重要指标加以评估的结果），就开始买卖股票。

巴鲁克认为，股票操作最重要的问题之一，就是弄清楚一只股票到底值多少钱。

所谓市盈率指的是某种股票每股市价与每股盈利的比率。

市盈率＝普通股每股市场价格÷普通股每年每股盈利

上式中的分子是目前每股的市价，分母可以是最近一年盈利，也可以是未来一年或者几年的预测盈利。市盈率就是估计普通股价值的最基本、最重要的指标之一。例如一个公司股价为10元，每年每股利润为0.5元，那么就是20倍的市盈率。

如果把股票当作资产，那么它的价值取决于它的资产回报率。市盈率的倒数就是资产回报率，等同于银行利率。投资股票的回报一定趋向于这个经济体的平均回报率（美国以10年期长期国债利率为比较

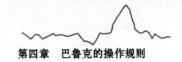

基准)，由于人是很聪明的，什么赚钱便去做什么。

假如经济体的平均回报率为 5%，则合理的市盈率就为 20 倍。不过股票作为一种风险资产，会存在一个风险溢价，因此股票的投资回报会比社会平均回报高一点，在股票市盈率上则是表现为低于20 倍。

发达国家成熟股票市场的总体市盈率通常在 15~20 倍。换言之，假如一个公司每股收益 1 元，则它的合理价值就应该在 15~20 元。新兴经济体，比如中国，由于具有较好的发展潜力，上市公司利润增长率较高，市盈率水平会高一些。然而中国股市的市盈率最后也会向成熟市场看齐。

假如说合理市盈率在 15~20 倍，那为何有的股票市盈率会高达100 倍呢？举一个例子简单来说，例如股价为 10 元，每股利润却仅为0.1 元，人们为何还会买呢？

这里涉及股票的成长性。尽管这个公司今年每股利润 0.1 元，然而明年可能会增长到 0.2 元，假如股价还不变，市盈率就下跌到 50倍了。后年利润若再增长一倍到 0.4 元，市盈率就下跌到 25 倍了。最后当它停止增长的时候，市盈率便会回归到一般水平。这个道理比较好懂。

在市场中，收益缓慢增长型公司的股票市盈率是最低的，快速增长型公司股票市盈率是最高的。

如果不考虑上市公司成长性的市盈率分析框架是静态的股票估值系统，很简单。若考虑成长性，那么此分析框架就成了一个动态的股票估值系统，比较复杂。

那么，如何运用市盈率买卖股票？

第一，我们先要选取的股票不是一家具体公司的股票，由于每个公司都不一样，收益也不相同，不好具有代表性。我们选择一个

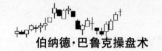

指数型基金 50ETF 来当作我们的测试对象。50ETF 是由上交所选出的 50 家上市公司打包成的一个指数基金。如此，选择公司这个环节便没有了。

第二，就是买卖时机的问题。市场有安全边际的时候（负泡沫）买进，市场有泡沫的时候卖出，运用市场的波动，我们进行获利。那么，什么时候市场有安全边际呢？我们可以运用市盈率这个指标来加以判断。下面这个表格就是上证指数 2005~2009 年的每月市盈率数据。此数据每月都会在上交所网站上能够查到。从历史数据上能够看出，上证指数市盈率最低为 14 倍左右，最高为 60~70 倍，不过，中国股市历史才仅仅 20 多年，正经历一个由小到大、由不成熟到成熟的转变。从百年香港股市中来看，港股市盈率大概是在几倍到三四十倍之间波动。所以，我们把买卖策略定为如下：

以上证指数每月的平均市盈率作为基准。

购买条件是：

当月均市盈率为 20 倍的时候，建仓应为 60%；

当月均市盈率为 17 倍的时候，加仓应为 30%；

当月均市盈率为 14 倍的时候，加仓应为 10%。

卖出条件是：

当月均市盈率为 40 倍的时候，减仓应为 60%；

当月均市盈率为 45 倍的时候，减仓应为 30%；

当月均市盈率为 50 倍的时候，减仓应为 10%。

月份 年份	1	2	3	4	5	6	7	8	9	10	11	12
2005	22.83	24.95	22.61	22.26	15.64	15.94	15.99	16.86	16.74	15.67	15.58	16.33
2006	17.61	17.99	17.72	19.4	19.67	19.87	19.99	20.34	21.39	22.84	26.09	33.3
2007	38.29	39.56	44.26	53.24	43.44	42.72	50.59	59.17	63.7	69.59	53.8	59.24
2008	49.4	49.22	39.46	42.06	25.86	20.63	20.91	18.11	18.66	14.07	15.22	14.85
2009	16.25	17	19.35	20.2	22.42	25.3	29.41	23	24.07	25.98	27.89	

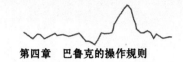

接着，我们拿出 10 万元来进行一下上述投资策略的实战，一共分为三组进行。2005 年投了 10 万元，2006 年投了 10 万元，2008 年投了 10 万元（2007 年因为市盈率过高，不满足购买条件）。

第一组：2005 年购买。2005 年 5 月，上证指数市盈率达到 15.64 倍，根据投资策略购买，具体购买过程不在这里细说。到 2007 年 4 月，指数市盈率达到了 53.24 倍，就开始卖出。2008 年 8 月，市盈率达到 18.11 倍，又开始买进，一直到目前。2005 年的 10 万元到 2009 年为止市值大约为 50 万元。

第二组：2006 年购买。2006 年 1 月开始购买，2007 年 4 月卖出，2008 年 8 月又开始买进，一直至 2009 年。2006 年的 10 万元到 2009 年为止市值大约为 33 万元。

第三组：2008 年购买。2008 年 8 月开始买进，一直至 2009 年，2008 年的 10 万元到 2009 年为止市值大约为 14 万元。

从上面三组数据能够看出，就是坚持一个简单原则，那就是低买高卖，不需要复杂地分析公司，同样也能够获得好的投资收益，甚至比大多数人的收益都高。市场泡沫创造的收益应该是大于公司成长的实际收益的，只要你能够坚持住。

第五章 巴鲁克的资金管理法则

巴鲁克说过:"若投机者一半的时间是对的,他极其幸运。如果一个人认识到他所犯的错误,并且马上放弃亏损,那么,他在10次当中做对了3次或者4次,就能够为他带来财富。"

巴鲁克非常注重对资金的管理。他认为必须时常在手里保留一定的现金,建议交易者每隔一段时间就应该重新评估自己的投资,看一看情况变化之后股价是否还能达到原先的预期。他又提醒交易者要学会止损:犯错在所难免,失误之后唯一的选择就是要在最短时间内止损。

交易者应该学习如何控制亏损,包括每笔交易、每天以及整体账户的亏损在内。如果不能做到这点,最终会遭受巨大的亏损,甚至导致账户破产。

一、永远不要将所有资金投入进去

巴鲁克非常注重对资金的管理。他认为必须时常在手里保留一定的现金。

1899 年,巴鲁克在纽约证券交易所购得一个席位。这一次用了

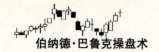

39000 美元。此次交易让他信心大增，因为他的名字从此之后进入纽约证券交易所精英之列。当时，豪斯曼公司盈利多达 501000 美元，他拥有其 1/3 的股份，并分得 167 万美元。他的事业好像是一帆风顺，财源滚滚。但是，不久之后他又听信了他人的小道消息，投入了自己的大量资金，以每股 10 美元的价格购买美国酿酒公司的股票。几周以后，这只股票的价格就从 1899 年 6 月 13 日的 1025 美元，下挫到 6 月 29 日的 625 美元，在数周内，他简直一贫如洗。对于初尝成功的巴鲁克来说，那是一种毁灭性的打击，他一度失掉了信心。

从早期交易美国酿酒公司的失误之中，巴鲁克制定了一条纪律，那就是，决不要投入全部的资金，必须要在手中保留充足的储备金。如此做，就是为了避免孤注一掷，在市场对己不利时造成破产。在市场下挫到底部时特别需要储备金，便于在市场上攻的时候得益，因为他明白，这一刻早晚会来临。如果这样的话，他就有足够的资金去抓住新的机遇。

股票市场的行情总是呈现波浪式运动。一波行情的涨落并非瞬间就能完成的事，总会有周期性，不同时期市场的投资热点也可能不相同。这就要求交易者不要一次性地投入你的所有资金，而必须将资金分次投入，经常留有余地。交易者可以通过把握时机，控制买卖节奏寻求投资收益。这样做就能够避免由于判断失误或行情意外变化而造成全部被套的危险。

成功交易者都要为自己设立一个备用金的账户，并将获得的部分利润提取出来作为现金储备，每隔一段时间就将利润的一部分拿出来，不要再投入股市，投资一些稳健的东西，例如国库券等，或者做现金的储备。或者做一些战略性储备，如成立公司，购买房地产等。杰西·利弗摩尔说过：假如我将每次挣来的钱另外放一部分，不再全部投入市场，当作一个后备的储备的话，现在不至于落到穷困潦倒的地步，

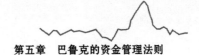

股票投机者必须要为自己留一条退路。这些储备账户的建立能够让自己在市场出现出乎预料的变化或者有更好的投资机会时，能够有资金保存自己的实力，也能够把握市场中更好的投机机会。设立储备金的账户，就是建立了一个防火墙，以防万一。资金越大，所面临的风险越大，股市就是赚钱快、赔钱也快的地方。

　　最主要的是，聪明的交易者必须始终提防那些意外的和估计不足的事情。必须要考虑极端的可能性出现：一是，股票价格可能进一步上扬；二是，很有可能忽然出现同样大幅度的暴跌。在大熊市的时候，此点会让你有深深的体会。投资大师卡拉曼、巴菲特、巴鲁克、利弗摩尔、勒布，都在个人著作中将这一要点明确提出——应该在手边保留一部分备用的储备金即永远不要满仓。假如经历了一两轮的牛熊转换，你便会对此有深刻的体会。现金也有价值！如果没有现金，那么你将会失去进一步下跌所造成的机会成本。还有一点很重要的是在开始交易前确定他最后需要购买的某只股票的股份数量，这是很好的资金管理计划的产物。

　　资金管理计划通常是区别赢家与输家的关键。

　　不管你是什么类型的交易者，也无论你是采用趋势跟踪系统还是反转系统，是短线交易者还是长期投资者，是使用纯机械性系统还是主观判断，假如能严格遵守资金管理计划，就很有可能获得成功。对大多数交易者来说根本没有资金管理计划，尽管有，可能也不懂得如何遵守。若你不懂得如何管理交易资本，总是依靠运气，那么也没有机会在股票市场赚大钱。

　　通常来说技术分析书籍往往忽略或不太重视资金管理的问题。我们能够看到大多数讨论技术分析、选择权，甚至是交易心理学的著作，然而极少看到专门讨论资金管理的书籍。而资金管理往往是决定交易成败的关键所在。尽管你拥有全世界最好的交易系统，除非你懂得如

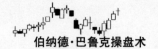

何管理资金，否则的话你极可能还是免不了失败。以前我曾经拥有一些不错的系统，然而始终不能有效处理资金管理和风险。尽管偶尔还是能赚钱，然而只要承担过多风险，或者遭遇一些逆境，就可能会迅速连本带利地输掉。

相反地，尽管交易系统不怎么高明，然而只要掌握资金管理技巧，依然能维持赢面。也就是说，只要有健全的资金管理计划，任何不太离谱的交易系统都能够成功。只要适当地管理风险，最单纯的系统也能够取得理想的绩效。缺少资金管理能力，交易的路途将会变得异常艰难。

巴鲁克说过，我经常将资金管理计划比喻为汽车的刹车系统。每个 18 岁的年轻小伙子，都会炫耀自己车子的速度。他的车子也许跑得很快，但除非有非常好的刹车系统，否则最终还是免不了发生车祸。话说回来，我的母亲曾驾驶一辆老式的凯迪拉克，每小时能够跑 40 英里，然而她对于刹车的关心程度，远远超过汽车的其他性能。因此，汽车保险杠上不曾碰掉过漆。这跟资金管理之间有什么关系呢？一套交易系统的赚钱能力也许让你印象深刻，然而资金管理才是让你避免破产而成为真正赢家的关键。

资金管理计划的内容有许多，主要包括：整个风险担当，每笔交易担当的风险程度，什么时候该更积极承担风险，任何特定时刻所能够担当的最大风险，风险暴露程度，什么时候应该认赔，如何设立部位规模，如何加码等。离场策略必须反映资金管理方法，因为止损与部位规模是取决于当时市场状况与个人风险偏好的。交易部位的合约数，对于交易绩效影响极大。资本大小将会决定你能够担当的风险程度。5 万美元的账户，禁得起每笔交易亏损 1000 美元。而起始资本如果只有 3 万美元，不管该笔交易看起来多么具有潜能，都不适合担当相同风险。

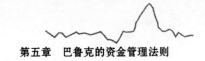

二、必须在最短时间内止损

巴鲁克所奉行的技巧之一，就是必须要对自己诚实，做好做错与做对的次数一样的心理准备。

巴鲁克说过："若投机者一半的时间是对的，他极其幸运。如果一个人认识到他所犯的错误，并且马上放弃亏损，那么，他在 10 次当中做对了 3 次或者 4 次，就能够为他带来财富。"

巴鲁克提醒交易者：学会快速干净地止损。不要希望自己每次都正确。假如犯了错，越快止损越好。因为犯错在所难免，失误之后唯一的选择就是要在最短时间内止损。

他认为，因为交易中存在情感因素，假如一只股票上涨，一般的交易者会继续持有，由于他们期望获得更多收益——这就是贪婪。假如一只股票下挫，他还会抱持不放，希望能够回升，至少在卖出的时候不赚不赔——这则是侥幸。巴鲁克尽可能避免这些情感对他产生的影响，而这种影响很可能是破坏性的。他的规则，就是在股票上涨的过程中抛出，假如下跌，就快速出掉认赔。

正确止损是股市中盈利最重要的一条，是在做一个买入或卖出动作被市场验证是错误时，必须要迅速停止自己的错误，不要死扛。当自己初次试盘时的亏损是最小的损伤。并且这样能够把节约出来的资金投入到其他好的股票上去，此规则能够更好地控制风险。资金被套的时候一旦发现自己的预测与市场的实际走势是相反的，就立即向市场低头，不能与趋势作对。快速止损的迅速反映的能力，是杰出的交易者的重要特点。这里有两个问题：是否应该止损，应该在什么价位

上止损。这些是很重要的问题。你只有止损了，才能够将资金转移到别的机会上去，然而当已经深套达到60%的时候，你已经做错了。就是由于你没有及时地把损失控制住。再高明的交易者也有看走眼的时候，再高明的交易者成功的概率也仅仅达50%，无人永远是正确的，因此，每次亏损只亏损很少时，就应立即止损。

就像巴鲁克一旦买入一个品种，那么买入或卖出这个品种，最多亏损为10%，一旦达到了10%，就会自动止损并离场。下单的时候同时下一个止损单，一旦达到了10%，就会自动平仓，并且不追加保证金。那些杰出的交易者，对止损有足够的认识，他们懂得止损对保护他们的盈利是非常重要的。他们认为：止损就是保证他们在股市长久地生存下去，保住利润的最主要法则。正如奥尼尔所说的：止损法则是最主要的交易法则。通常达到3%~5%就止损，达到7%~8%止损是最大限度，应当止损。一旦发现交易与市场相反，达到7%~8%的亏损，就不必找任何理由，立刻止损。止损就是保住性命。在股票市场不可能有完美的交易。假如错了不认错，结果就会越来越糟。

大多数投资大师的书上都将止损放在第一位。他们的止损幅度通常都在7%~10%。这个交易法则已经经过很多人的验证了。这些交易法则能让你把亏损控制在最小的层面上，以避免毁灭性的亏损。下面是止损的四大原则：

（1）不设止损就不要进场。没有止损措施就要吃大亏的，一波较大的调整就能够让你损失过半。因此交易者买入股票的第一件事，不是看它会上涨到哪儿，而是看它会下跌到哪儿，尽管是你认为十拿九稳的股票，也要设立止损位。股票市场风险莫测，主力机构也有不得已的时候。设立止损位，就是做好最坏的打算，万一产生风险，止损位能够将亏损控制在可以忍受的幅度之内。

（2）止损计划应该严格执行。这个道理大家都懂得，然而执行起来却很有难度。卖出之后怕再次上涨的想法会让你的执行变得犹豫。严格执行计划的最好方法是，经常回忆曾经有过的最大失误。对失败案例的痛苦回忆，就会坚定你执行计划的决心。股票市场的自由之处在于无人会领导你、干涉你，然而没有约束的地方注定也是犯错误最多的地方。交易者对自己的约束，其重要性则超过了所有技术性。此道理，涉市越早的人，领悟得越深。

（3）在实际操作中必须要有一定的灵活性。有没有一个普遍能够接受的止损位？虽然各类书籍介绍了很多方法，然而实战效果却不尽如人意。最重要是使用不同的操作方法，针对不同的市场，在不一样的盈亏状态中，必须运用灵活的、不同的止损位。

超级短线讲究积少成多，由于一次交易盈利要求不高，因此止损位的设立也很严格。假如你一次操作的平均收益为3%，那么最大的亏损程度就是3%，否则的话资金缩水的速度一定快于增长速度。短线交易最重要的是寻找热门板块的龙头股，在短期之内获得暴利。按照对龙头股回调幅度的研究，通常可将高位下挫6%~10%当作止损位。如果超过这个幅度，就表明行情性质可能有变，需离场回避。做中线的持股时间比较长，股价的波动幅度更大，可以将高位下挫15%当作止损位。

（4）针对不一样的市场要有不同的方法。在强势市场当中，止损位应该相对窄一些，执行上限；在平衡市场当中，执行中限；在弱势市场当中，执行下限。例如做短线，在6%~10%的范围之内，强市中选择6%当作止损位。因为强市中强势股特别是热门板块的龙头股，回调超过6%的情况极其少见。在平衡市场当中，选择8%当作止损位。而在弱势市场当中，选择10%当作止损位。在弱势市场当中通常不应买股，然而在弱势市场当中出现明显的热点时，也应该参与。因

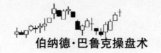
为市场较弱，个股回调的幅度也会比较大些，止损位过窄，可能造成频繁止损。

三、在任何情况下，尽量保住你的本金

巴鲁克说过："在我的事业经营哲学当中，保住本金是最重要的原则。也就是，在任何潜在的市场活动当中，风险就是我最需要考虑的主要因素。"

当我迫切想从交易中盈利时，曾有朋友不断提醒我："保住珍贵的本金。"他用醒目的字体在座位上写上这几个字，不断地提醒自己保住珍贵的本金，巴鲁克说："我们赚了多少钱并不太重要，能留住多少本金才最要紧。"

只要继续进行合理的交易，保住本金，你就能够活得比他人长久一点，就有比较大的盈利机会。盈利的关键就是，在输的时候不要输得太多。假如亏损部位能够认赔，盈利就会自然累积。这让我回想起大学网球教练的指导：只要能回击过网 4 次，便有 80% 的机会赢得该点。他说："不要担心胜点的问题。让对手输掉该点，你只要持续把球回击过网，对手就会帮你赢得点数。将注意力由'获胜'转移到'不要输'，就很容易获胜；你的对手就会帮助你达到这点。不要期望每个球都能够击垮对手，否则的话，往往会击出界外球。只要将球回击到对手比较不容易处理的位置，你就不会吃大亏。"

股票交易是用钱赚钱的行业，一旦你的本金没有了，你就破产了。不管你明天看到多么好的机会，手中没有本金，你只能干着急。几乎全部的行家，他们的建议就是尽量保住你的本金。

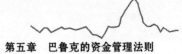

　　股票交易的第一要务：保本！无论在任何情况下，尽可能保住你的本金。

　　股市风险与收益是成正比的。必须将本金安全放在首位。股神巴菲特说：投资股市第一就是安全；第二依然是安全；第三是必须牢记前两条。本金就是种子，没有种子就很难播种，更谈不上收获。在股票市场上，保住本金比赚钱更加重要。所以说，操作股票前首先应该考虑的就是如何不赔钱，保住本金，接着才考虑如何盈利。假如本金没有了，那么赚钱仅仅是空谈。

　　对于任何一场战争来说，要想获胜都得靠实力。实力强大了，胜算把握就更大。假如把股票市场比作战场，则资金就是交易者的实力，实力越强，可能的收获也会越大。一般来说，只要操作得法，操作的收获与本钱成正比，操作同一个项目，以相同的方式去操作，当然是本金越大，收获越多。因此，资金多寡对于操作的成败得失影响极大。有的时候，交易者不是看不准，而是本金十分有限，输不起。假如本金充足，就完全能够获得高额收益。

　　操作股票，本金是最重要的，绝对不能冒太大的风险，不管怎么样都要保本为先，这是操作股票的大原则。

　　聚集资本是非常困难的，甚至是千辛万苦，用半生时间才赚回来，经历多次交易险胜后才得到的。如果操作太主观，只是走高风险路线，无有效的保本措施，最后可能真的会血本无归。

　　在股票市场上，那些成功者几乎都是将保本作为第一原则。比如投资大师斯坦利·克罗，他最重要的交易原则就是"保住本金"。大师心中的那笔账，实际上普通交易者也能算得清楚——如果你亏损了交易资本的50%，应该把你的资金翻倍才能回到当初起点。假如你设定年平均投资回报率为12%，要用上6年时间才能复原。由此可见，亏损很容易，而盈利却很难。

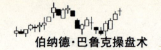

不过，保住本金并不意味着在股票市场上缩手缩脚，而是逐渐地对风险进行很好的控制。作为金融大师，索罗斯的父亲教给他三条直到今天还在指引他的生存法则：冒险不算什么；在冒险时，不要拿所有家当下注；做好立刻撤退的准备。

四、不要向下摊平成本

巴鲁克说过，假如你以 40 美元的价格买进某只股票，接着又以 30 美元的价格加码进货，那么这时平均持股成本降到 35 美元。然而这会加重错误投资的程度，白白地将资金押在原来已错误的投资决定上。这种业余水准的策略会造成你亏损严重，多玩几次就会使得整个投资组合策略破产。

巴鲁克指出，犯了错，不是老老实实地认错，重新开始，抱持侥幸的心理，向下摊平，将平均进价降低，期待股票小有反弹就能挽回损失，甚至盈利。这是交易者最常见的错误之一，当他们买入的股票一旦出现损失，首先想到的则是摊低成本，以求早点解套。他们以为，当在 10 美元的价位处买入了 5000 股股票之后，价格下跌至 5 美元处，假如补进 5000 股，平均成本就降低到 7.5 美元，只要股价上升到 7.5 美元处就能够解套了，要有机会上升到 10 美元还会有所盈利。因此每当股价在下挫途中出现了有所放缓的迹象，就会有许多交易者开始补仓，有的时候甚至在一只股票上多次补仓，逢低便买。他们把这种方法视为解套良方经常运用，在牛市时使用这种方法使自己的账面盈利不少，而且固执地以为自己找到了获胜法宝，实际上是相当危险的，通常是破产的捷径。

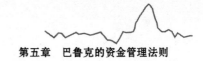

　　巴鲁克强调，很多顶尖交易者都不会向下摊平成本，无论在任何情况之下都不要向下摊平成本，也就是在原本亏损的部位再加码。

　　因为你不肯轻易承认自己的错误，并且不肯在错误时放手，因此你几乎不可能一直在市场中盈利。

　　正确的做法就是在大势上涨时才买入，大势下挫时止损离场。而且这种向下摊平成本的做法，会付出大量机会成本。

　　在股票实战交易中，遭遇大熊市下跌趋势市场，很多交易者都喜欢或者习惯于采用平均摊平买入法介入股票，很多金融学教科书、证券专业类书刊也将平均摊平买入法当作常用经典操作方法。

　　平均摊平买入法就是指，当股市价格波动处于 A 点的时候，交易者判定价格将会上涨而买入，然而假如因某些原因而造成股价下跌到 B 点，操作上就更应该买入，两笔交易操作的整体平均买入价位则是 A 点与 B 点之间的平均股价，显示出该价格比 A 点低。如果股市行情涨回到 A 点，就可以转危为安并且盈利。根据这种操作思路逻辑推理，假如股市价格持续从 B 点下跌到 C 点，那么操作上在 C 点再买进，再下跌到 D 点再买进，即只要股价下跌就持续摊平买进，这样能够让总体平均价格越摊越低，当股价反弹上涨回平均价格之上就能够盈利。

　　在股票实战当中，这种平均摊平买入法可行吗？事实上，根据长期统计概率分析，尽管有操作成功盈利的可能性，然而总体上还是很危险的，极易造成大亏损。

　　一是从操作策略上来讲，平均摊平买入法很明显就是一种逆市而为的操作思路，并不是顺应大势的投资逻辑。由于在 A 点买进之后市场股价下跌，这表明了原来买进的理由是错误的或是看错了市场方向。"不要让损失扩大"是股票操作的首要原则，即使最初买入时的理由有千万条，然而股价下跌到 B 点、C 点是事实，在操作上

出现浮动亏损时，快速止损离场才是上策。固执认为股价一定会反弹回升，不断地向下摊平买入等于是不断的逆市操作，这极易造成越来越大的亏损，假如恰逢买入亏损的 ST 股票，那么难免遭遇退市而血本无归。

二是假如股票操作资金比较充足，也不能随意运用平均摊平买入法，由于在价格下跌空间不太大的调整范围内运用平均摊平买入法还有可能盈利或不亏损，万一遭遇长达几年或十几年的大熊市周期下跌趋势，使用向下平均摊平买入法操作就几乎犹如永无止境地向下盲目寻底。大多数时候，市场价格波动是没有底或是根本不能准确知道底在哪里，这时用平均摊平买入法无异于自杀性操作行为，巨额的损失是必然的。

五、迅速认赔，让盈利持续发展

巴鲁克说，无论你的计划是多么的完善，无论你的公司是多么的伟大，你一定要记住：当你知道自己犯错的时候，马上了结离场！不要再找借口、期待、祷告或者其他任何动作拖延，赶紧认赔离场！就犹如鳄鱼咬住猎物似的，猎物越试图挣扎，鳄鱼的收获就越多。

对于任何一笔交易来说，在市场证实你是错误的之前，你永远是对的。当价格触及你的止损点或你选定的心理出场价位时，市场已经证实你的判断是错误的，你应该离场！

当你的判断是对的时候，应该紧守仓位，让盈利继续发展。这时止损点变成止盈点。

当价格趋势忽然发生反转，你的止盈点最保守也应该设在盈利的

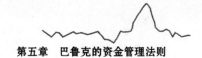

二分之一处，任何既有的获利都不可再亏损 50%，更不能让盈利的仓位演变成亏损，这就是操作的原则。

关于股票交易，最通常被引用的格言也许就是"马上认赔，让盈利持续发展"。然而，令人奇怪的是，许多交易者的实际做法刚好相反。假如盈利，他们都想早点了结，对于损失部位，往往都只能祈祷行情反转，结果却越来越糟。一位交易者除非他了解如何结束损失部位，明白在哪里设置止损，并且愿意继续持有理想的部位，知道什么时候获利了结，唯有这样，才可能成为优秀的交易者。进场仅仅是完整交易程序的一部分。懂得什么时候应该结束成功与失败的部位，就是整个程序的另一部分，其重要性更甚于进场。很多交易者之所以发生亏损，主要都是由于成功部位的盈利程度不如失败部位的亏损。成功部位不能充分发挥盈利潜能，其伤害不低于失败部位的损失。对于交易者进行的全部交易，平均来说，失败的次数往往高于成功。因此，交易者若想成功，每笔成功交易的盈利程度，一定超过失败交易的损失。然而，我们实际见到的情况又如何呢？很多交易者总是赚了几档就获利了结，然而让失败部位积累了天文数字般的亏损。此策略绝对不能让你成功。

一是别让其他人的想法影响你的交易；二是无论赚了多少钱，只要部位盈利持续扩大，就不要太早了结。第一，假如行情往你的方向发展，就应当继续持有部位，不必要提早获利了结。一两笔重大交易的盈利，完全能够弥补数十笔小额亏损。因此，只要把握明显的趋势，就不要轻易地放弃。不妨通过追踪式停止单结束部位，在行情折返的适当位置才获利退场，只要停止单没有遭到触及，就不要退场。"让盈利持续发展"的原则，大多数交易者都很难遵守。第二，预先制定好交易计划，除非退场停止单遭到触发，否则就应该按照预先设定的目标或条件退场。事先设定这些目标或者条件，能够避免

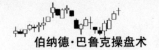
你胡思乱想。交易部位绝对需要通过追踪式停止单来保护既有盈利，除非部位建立的基本动机已经出现变化，否则的话就应该让盈利持续发展。某些情况之下，你可能觉得应该结束盈利部位。例如，市场出现明显的买入高潮，突然形成重大走势，价格波动异常剧烈。这些现象往往意味着你应该结束盈利部位，不必要让既有盈利承担得而复失的风险。重大走势出现以后，行情往往会稍微回档整理，不妨先做部分的盈利了结。行情平静下来以后，你永远都能够重新入场。然而，若行情发展得很顺利而稳定，的确没有提早获利了结的理由。

六、资金管理的原则

巴鲁克说，在股票交易之中，资金管理问题是核心的核心，从交易的结果上来讲，任何交易的结果均是概率的产物，但我们的资金管理是在宏观上增加"赢"的概率，这并不是说我们的每次交易都要百发百中，实际上那样的百发百中的方法是不存在的，资金管理上的概率就是指一种交易策略，就是在你交易不顺利时，资金管理策略可以让你停下来，当交易损失达到6%时，你的资金管理策略可以让你停下来休息一下，休息并非一件坏事，即便是在牛市的时候也需要休息，这样你的头脑才能够清醒，不至于死在"下一个陷阱"里，此外资金管理策略可以让你进行小笔交易，去积累小胜，接着会逐渐扩大为大胜，也许这样从盈利上讲你的账户赚钱的速度会慢许多，然而这种牺牲了速度的交易却增加了盈利的稳定性，从长期上来看，反正会比一

百米加速跑的方法盈利更多，也更加舒服，交易竞赛就是一场马拉松，并非比今天、明天谁高兴，而是比将来三年、五年、十年之后谁保存了胜利的果实，所以不要过于急进，我刚出道的时候就犯了这样的错误，以至于在掌握了好的交易方法之后很长时间还亏损，好的交易方法必须在好的心态下才能发挥其威力。

巴鲁克总结出如下 8 条资金管理原则：

（1）下任何一张单的时候，都要有止损。

将损失降低到最低是长期盈利的根本保证。因此为了让你的亏损最小化，下任何一张单都要有止损。

（2）风险与盈利的比例至少应该为 1∶1.5。

当你要下一张单的时候，必须要想清楚盈利和亏损的可能性。假设盈利的空间为 4000 美元，而亏损的空间只为 2000 美元，那么风险与盈利的比例为 1∶2，这值得一试。

（3）不要让你的账户负荷过重。

审慎的交易者往往会把每一次的最大亏损控制在 10% 之内，那么利润就会是稳定而长期的。因此我们的目标应该是一个好的交易者，而不是一个投机客。

（4）赔钱的部位决不要加码或"摊平"。

"摊平损失"只是一种试图避免承认错误或期望解套的借口，并且是在不利的情况下。它之所以叫作"摊平损失"，是由于这是一种追加头寸的行为，并因此降低整体头寸的净亏损百分率。这种行为的合理化借口是："这只股票将会上涨（下跌）。我目前虽然有损失，然而如果追加头寸，能够降低平均成本，最终可以大赚一笔。"

（5）必须接受失败，尽早转移注意力到下一次交易。

这个世界上无人能保证他的每一笔交易都是盈利的，因此当你的某次交易赔钱时，快一点忘掉它，而且将注意力转移到下一次交易中。

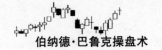

否则的话，你就会赔得越来越多而无法自拔。

（6）制定一个切实可行的目标。

不要将感情和金钱牵扯到一起。很简单地将每一次做单当作是一次商业交易，不要牵扯感情。假如有亏损，那就要学会接受它，并且向前看。学会怎么接受失败比成功更重要，正如中国的一句古话：失败乃成功之母。没有感情因素，遵守交易原则去交易一开始是无法适应的，而你必须去适应它，因为它是赚钱的不二法则。

（7）当你的交易盈利时，应该保护你赢得的利润。

保护你的利润就是另一个使你获得稳定和长期利润的关键因素。当你处于一个盈利的位置时，相当重要的一点是你要将止损点进行相应的提高。这样尽管你期望持有这个仓位更长时间，获取更多的利润，至少你的最小盈利可得以保证。

（8）交易的规模控制在你能承受的亏损范围之内。

即使每一个人都懂得交易的金额超过你能承受的范围是一件愚蠢的事情，然而这种蠢事在大多数交易者当中还是很普遍的。我们操作股票的目的是让我们的生活品质提高，因此我们不应该动用那些我们不该动用的钱，比如：每个月的生活费、养老储蓄等，不要借钱来操作股票。若你这样做，你的心态就跟一般赌徒是相同的，最后的结果往往是输得倾家荡产。

七、控制仓位的技巧

巴鲁克对仓位管理相当重视。他说，仓位管理就是一个困扰许多交易者模式里的一个问题，一个成熟稳定的盈利模式，仓位的分配是

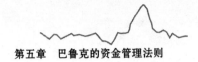

极其重要的。

　　他认为，在股票市场中，交易者规避风险的最有力武器就是良好的仓位控制技巧。尤其是在弱市中，交易者只有重视和提高自己的仓位控制水平，才能够有效控制风险，防止损失的进一步扩大，从而争取把握时机反败为胜。

　　假如我们每次下注赢的概率为60%，那么我们会非常有信心，大体来说觉得自己是赢定了。然而决定你输赢的关键在资金管理和仓位控制，假如你每一次都投入所有资金，那么你一定会被剃光头；退一步来说，尽管你每次只投入1/10的资金，你也可能连输10次而被踢出场（这是完全有可能的）。这就突出了仓位控制的重要性，每次从很小的资金开始是必然的策略。

　　仓位控制必须辅助于风险管理来使用。如果你将每次交易的风险控制在总资金的2%，则当你满仓操作的时候，一个2%的不利于价格运动，就会让你出局了。假如你第一次买入只是总资金的1/3，那么依据你的风险管理原则，你能够承受6%的亏损，这很明显有更大的余地，让你有机会等着价格的回升。当价格依照你的预期上涨时，再择机增加仓位就是一个安全的做法，这可以在一天之内完成，也可以在几天甚至几周之内完成。

　　分仓对风险管理的另一个辅助作用就是在遇到突发不利情况时，例如买入当日就暴跌、跌停、停牌等，可以让你免受重创（来不及止损）。

　　控制仓位在市场尤其是在震荡市中，具有极其重要的意义。因为股市走势无法预测，交易者基本上处于被动接受的境地，当然，不能预测与被动接受是两回事，被动当中也有主动，控制仓位就是交易者主动应对的法宝之一。

　　控制仓位包含如下三点：

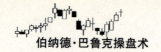

（1）尽管有再大的把握，也不会在单一项目上将手中的所有资金都投入。由于市场具有一定程度的非系统风险，所以单只股票的总投资额不得超过20%，如果是资金流较大，应该在10%以下，这样能够更好地规避风险。如果是满仓投入一只股票，获得暴利与血本无归的可能性都比较大。

（2）当行情出现不明朗的表现时，应该低仓位介入，如果行情出现明朗的趋势时，要不进行满仓，否则的话马上进行清仓。高手对市场有着准确而敏锐的感觉，并且据此大胆地出击。

（3）通常不进行补仓，只会及时的斩仓。如果行情朝着预期的趋势发展，就大胆地加大仓位。

仓位控制通常情况下从以下两个角度来看：

一是资金（股票）分配比例的分仓策略。一般有等份分配法和金字塔分配法两种。所谓等份分配法是指将资金分为若干等份，买进一等份的股票，如果股票在买进之后下跌到一定程度，再买进与上一次相同数量的股票，依此类推来摊薄成本。而买进之后如果上涨到一定程度则卖出一部分股票，再上涨就再卖出一部分，一直等到下一次交易的机会来临。而金字塔分配法指的是把资金分为若干份，如果股票在买进之后下跌到一定程度再买入比上次数量多的股票，依此类推，如果上涨也是先卖出一部分，如果继续上涨，那就卖出更多的股票。

这两种方法共同的特点就是越跌越买，越涨越抛。到底采取哪一种分配方法就要看交易者本人了，如果交易者对后市的判断比较有把握，那么应该采取等份分配法。股价处于箱体运动中也可以采取等份分配法来获取差价。而如果交易者喜欢抄底或者对后市判断不太有把握时，金字塔分配法就是比较好的选择，因为在摊低持股成本方面和最大化利润率方面金字塔分配法都比等份分配法来得更稳健。关于这

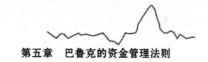

两种方法都比较适用于波段操作的交易者（往往追求低位买入），而对喜欢冒风险的激进型交易者就不适用了，激进型交易者（在拉升过程中进入）是因为参与的个股风险比较大，所以通常应该设置较严格的止损位，越跌越买的策略可能会造成血本无归。

　　二是个股品种的分仓策略。大家总是见到关于鸡蛋是放在一只篮子还是几只篮子里的讨论，公说公有理，婆说婆有理。为此还是一句老话：到底采取哪一种方法就要看交易者本人了。的确有把握的，就应该咬定一股不放松，假如把握不大，那么应买入 2~3 只个股（买得过多对于管理和跟踪都不方便，况且绝大多数交易者资金量也不是很大），必须注意的是所买的几只股票应尽可能避免买重复题材或相同板块的个股，由于题材重复或板块相同的股票都具有联动性，一只不上涨，另外的也好不到哪去。

　　分仓策略大概就以上几种，然而很多新入市的朋友开始会拿一点资金尝试买股票，通常在得到一些甜头后就忘乎所以（事实上大多数新手都是在行情好时进入的，因此开始都会尝到些甜头），接着满仓操作就被套牢，并不是不懂而是心态作怪，所以你就会明白为何很多股市高手包括不少老手分仓操作的比例远大于新手的道理。那么如何避免因冲动而全仓操作的覆辙呢？首先要做好计划，你在买卖前就应该有控制风险的分仓或止损计划，如果你是股市新手应该先拿一小部分资金操作，有了一定的经验后才可放手去干，必须记住，不要让冲动毁了你的本金。此外就是建立账户资金曲线并且与大盘走势进行比较，复习自己的交易记录，当熟悉自己的交易习惯之后对自己作出个准确的评价，自己的预测能力怎么样，风险控制和承受能力怎么样等，最后选择一个适合自己的分仓操作计划。

第六章　巴鲁克的投机心理学

　　人性的主要弱点就是贪婪与恐惧，贪婪来自内心的期望，恐惧来自大脑的无知。人的一生实际上就是自我修养历练并克服弱点的过程，正如巴鲁克经常说"自己在华尔街的职业生涯则是自己人性获得教育的漫长过程"。

　　巴鲁克认为，人们的行为来自奇怪的从众心理。如同 J. P. 摩根所说的，"思维惯性"涉及的是大众对事件的反应。在这些事件当中，教育背景与个人地位没有任何优势。大众的反应，曾在 20 世纪 20 年代末期造成股价疯狂地上涨，最终造成大崩盘。不管你的智商有多高，不管你在其他行业获得了什么样的地位，在市场中都无任何关系，股市走势与入市者没有关系，事实上股市并不在乎你是什么样的人。

　　所以，必须了解心理学，了解它对股市的影响，是巴鲁克在追求盈利中的重要发现。

一、最重要的是人性

　　在金融市场的博弈中，到底谁是对手？有人说是与市场里许许多

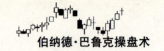

多的交易者进行博弈，也有人说就是与市场玩家的投资能力进行博弈，更有甚者，有人说就是与自己进行博弈……这些答案尽管正确但却不全面，如果要总结他们的观点，巴鲁克认为就是与人性进行博弈！

在交易行为决策当中，每个人都存在着贪婪与恐惧的人性。而交易的制胜之道，是需要了解市场中交易对手的人性。

巴鲁克常说，他在华尔街的生涯当中，就是了解人性的漫长过程。他对人性有着深刻的分析与思考：

"不过，我当初在华尔街身为办事员和跑腿的时候，对这一无所知，也一无所察。我该犯的错误全部都犯了——由于雄心勃勃、精力充沛，极可能所犯的错误还超过了我应该犯下的。因此你不妨说，我在华尔街的整个生涯事实上就是一个在人性方面接受教育的漫长过程。

最后，随着转入公共生活领域，我发现，自己从以前作为投机者的岁月里学到的关于人性的东西，同样也适用于其他所有人类事务。不管我站在股票报价机旁俯身查看股票报价，还是在白宫发表演说；不管我出席战时理事会，还是参加和平会议；也不论我关心赚钱，还是设法控制原子能的运用，我发现人性到底还是人性。"

为什么巴鲁克能够成功逃过 1929 年的大熊市呢？

主要有两个原因：

一是巴鲁克分析基本面认为股价实在高得离谱。

二是巴鲁克分析市场群体行为发现投机实在疯狂得离谱。

上面这两个原因背后都是人性的因素，就是深刻理解人性，不迷茫于感情，善于管理情绪，使感情独立于投资之外，冲出情感的迷障。

巴鲁克深刻反思 1929 年股市崩盘的人性原因：为什么崩盘之前市场上人们会不计后果狂热地高价追涨买入呢？

正由于大危机，巴鲁克对群体疯狂行为有了更深切的体会。他总

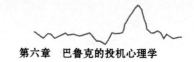

结出群体疯狂行为的两个特点。

一是高重复性。"这些群体疯狂行为在人类历史上一再重现，发生的频率如此之高，说明他们一定反映了人类天性中具有某种根深蒂固的特质。人们无论试图做成哪件事，似乎总会被驱动着做过了头。"

二是高传染性。"这些群体性疯狂行为还有令人奇怪的一面，无论受过的教育多么高，也无论职位多么高，都不能让人获得不受这种病毒传染的免疫力。"

1929 年大崩溃前夕，本杰明·格雷厄姆与伯纳德·巴鲁克一致认为股票市场"已经被炒得太高了"，投机家"似乎都已发疯，连那些向来受人尊重的投资银行家也在瞎炒一气"。巴鲁克严厉批评这种荒唐的现象："银行对股票投资的定期贷款利率为 8%，而股票的收益率却只有2%。"格雷厄姆赞同这一点："确实如此，根据报酬法则，可以预计这种情况将会逆转——出现 2% 定期贷款利率和 8% 股票的收益率。"但是，格雷厄姆并未采取行动，以致在那场大崩溃中几乎倾家荡产。那时他的惨淡处境，如同但丁《神曲》中所描述的"在人生旅途的中点，我被困在漆黑的森林里"。在后来的《华尔街教父回忆录》中，格雷厄姆说："很奇怪，我能对各种重大事件做出正确预测，却不能预感到自己账户的资金将要面临一系列危机。"

而巴鲁克则与格雷厄姆完全不同，他选择了在大崩溃前抛出，因为他深知人性在股票市场的决定性作用。

巴鲁克认为，在股票市场中，任何形势的相关事实来到我们面前时，都是透过一重人类情感的帷幕。驱动股票价格上涨或下跌的因素，是人类对经济力量或不断变化的事件做出的种种反应。因此，"我们需要解决的问题是，如何保持恰到好处的冒险精神和试验态度，同时又不至于自我愚弄，将自己变成了傻瓜"。当然，"主要障碍还在于能否让我们从深陷其中的情感中摆脱出来"。

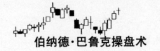

实际上许多人也清楚地知道这一点：看穿其他人的行为动机，也能够"表现得好像是个天眼通，结果对于自己的错误却完全失明"。确实，在我们生活中做出的许多重要决策中，金融决策是最具情感色彩，也是最不符合逻辑的。

巴鲁克如此回忆他卖出的经过：1928 年多次卖出股票时，他总觉得行情突发逆转下跌就迫在眼前，结果却发现市场继续攀升。1929 年 8 月，他在苏格兰度假，得到消息，有人提议用若干只老铁路公司的股票交换新组建的两家控股公司的股票，这次交换很有可能将相关公司的股票提升至极高的价位。他发电报给三个关系密切的人，问他们对时下行情做何判断。一位在美国金融界地位极高的人评价整体工商业形势时说它"就像风向标，表明将会出现一阵狂风似的繁荣发展"。这种过度乐观让他深感忧虑，于是他决定乘船回国。在纽约上岸不久，他决定卖出一切能卖出的股票。因此人们称他为"在股市大崩溃前抛出的人"。

人性的变化较之我们所处的外部环境的变化要缓慢得多。当新形势出现时，一些人宣称必须坚守过去的规则和惯例，而另一些人则认为必须依赖试错法反复试验，实际上这两种做法都不足取。正确的做法应该是，要知道何时应恪守古老的真理，何时应以新的实验性方法坚定地走下去。巴鲁克把自己的成功归之于，"为让自己受到严厉的自我审视和自我评估，我付出了系统性的努力。而当我逐渐认识自己时，我便能更好地理解他人"。如果说巴鲁克能够在崩盘前卖出股票，战胜了市场，毋宁说他是战胜了人性。

而在经历大崩溃之后，格雷厄姆终于大彻大悟，发表了划时代巨著《证券分析》，以及稍后的《聪明的投资者》，在这两部重要的著作中，格雷厄姆用了大量篇幅解释了投资者的感情怎样引起股市的波动。格雷厄姆指出，投资者的头号敌人不是股市，而是他们自己。

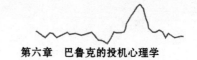

他说，尽管有些人拥有超级的数学、金融、财会技能，但是如果不能控制自己的情绪，那么依然不能在投资过程中获利，情感态度远比技巧重要。

二、群体性疯狂情绪

巴鲁克十分善于捕捉交易对手的心理状态。在《巴鲁克自传》这本书中，他就特别用了整整一章的篇幅来描述他所认识的一些成功的交易员的性格特点。然而到了投机生涯的后期，他的注意力渐渐转移到了市场的群体性疯狂情绪。他读了《非同寻常的大众幻想与群众性癫狂》，并如此评论：

"它（群体性疯狂）在人类历史上发生的频率如此之高，必然在某种程度上反映了人类本性中根深蒂固的特质。也许，从本质上来看，它与那种让鸟类迁徙的动力如出一辙。这种特质就会形成一种周期性的律动。举例来说明，牛市横行就是，会发生某些事情——不管大小，接着有一个人会抛售，然后其他人也会跟着抛售，这样，期望股价持续上涨的思维的连续性终被打破。

……另一件奇怪的事情则是良好的教育和高薪厚职并不能让人免于这种群体性癫狂。不管是国王还是公主，不管是商人还是教授，均屈服于疯狂当中。

在此后的黑暗岁月里，我不断地反复研读麦凯的书。假如说他在书中描绘了人类莫须有的疯狂希望，那书中也同样展示了人类没有理由的黑色绝望。国王的历史说明，无论前景怎么暗淡，事情总会好起来。

　　然而无论人类如何做，看起来都喜欢做过头。所以，每当期望高涨的时候，我总是对自己说：2+2还是4，无人能够不劳而获。而每当前景悲观的时候，我也提醒自己：2+2还是4，人类不会永远悲观失望。"

　　经典名著《非同寻常的大众幻想与群众性癫狂》探讨大众的病态心理现象，作者就是查里斯·麦基，第一版写于1841年。该书则是巴鲁克最喜欢的一本书。该书目前享有的声望在相当大程度上要归功于这位赫赫有名的投资大师。巴鲁克曾经鼓励并促成了该书在1932年的再版发行，而且为它撰写了一篇序言。巴鲁克称赞这本书为研究来自各种经济活动中的人的心理现象提供了启示。

　　书中以翔实的史料，生动的文笔，描述了发生在中世纪与近代欧洲的一些十分荒谬却又绝对真实的故事，其中也包括金融市场历史中有名的密西西比和南海泡沫事件。这一桩桩让人不敢相信又不得不信的事实，深刻地展现出了人类本性的另一个侧面：潜藏在人类心灵深处的原始冲动，总是会在不经意之间，挣脱理性的缰绳，冲开文明的堤坝，形成群众性的迷狂。在欧美各国，虽然经过了启蒙运动和科技革命数百年的洗礼，然而那种"非同寻常的大众幻想与群众性癫狂"，还是经常出现。金融市场中反复发生的股灾，则是再好不过的例子。

　　密西西比与南海泡沫破灭之后，1873年，美国爆发了铁路股票风潮，造成大批公司破产，经济衰退一直连续到1897年。1929年10月，华尔街股市发生暴跌，一场股市风暴席卷了整个资本主义世界，引起了世界性的大萧条。1987年10月，美国股市又一次发生暴跌，波及整个世界，大家再一次体验到天崩地裂般的恐惧感。1990年，日本泡沫经济破灭，"二战"后的经济奇迹即告终结，全国陷入了经济衰退的泥潭，虽然经过十年努力，依然没有起色。1997年，东亚

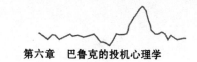

发生了一场金融危机，这个保持了二十多年增长、欣欣向荣、充满活力以及自信的经济区，瞬间陷入经济萧条和社会动荡当中。总的来说，自从股市诞生以来，不同程度、不同范围的股灾，这样的事情不断地在发生。

几乎每次股灾过后，大家都会领悟和反省自身的愚昧和疯狂。然而每当经济持续繁荣、前景广阔诱人的时候，愚昧和疯狂通常又会悄悄地再次来临。

巴鲁克说，股票市场出现波动，记录的并非事件本身，而是人类对这些事件作出的反应。事实不断地证明，极端狂热和极端悲观的气氛一定将会招致灾难。因此，巴鲁克指出，当股票价格产生狂飙的情形时，必须记住如下两点：

一是股票市场并不决定我们整体经济的运行状况。股票市场所做的全部，就是记录这些买家和卖家对目前工商业的状况以及未来形式所做的判断，所以股票市场仅仅是体温计，而不是发不发热的身体状况。通货膨胀的影响或是政府信用的削弱，这些情况所产生的效应就会在股票市场上显现出来，然而问题的根源并不在于股票市场。

二是以为通过监管人们能够得到保护从而免遭投机性损失，这只是幻想而已。在股票市场中，投机之所以会亏损，主要的原因并不是华尔街不守诚信，而在于大多数人坚持认为，不用辛勤劳动的付出也能获得金钱，而证券交易所是能够产生这种奇迹的地方。

那么，如何避免群体性疯狂情绪？

（1）必须强化对证券知识的学习，渐渐形成自己的投资风格，而不是采用所谓"随大溜"、"跟主力"等盲目的交易手段，这是避免陷入群体行为的根本所在。

（2）必须在股市的涨跌停、停牌措施启动的时候，冷静思考、认

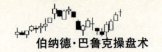

真分析，调整自己的情绪，不要头脑一热就作出跟进决策。

（3）不要轻信市场中流传的各种不实消息和谣言，有意识地关注上市公司或交易所等部门公布的澄清公告，第一时间减小自己参与群体行为的可能性。

三、投资背后的心理学

巴鲁克认为，人们的行为来自奇怪的从众心理。如同 J. P. 摩根所说的："思维惯性"涉及的是大众对事件的反应。在这些事件当中，教育背景与个人地位没有任何优势。大众的反应，曾在 20 世纪 20 年代末期造成股价疯狂地上涨，最终造成大崩盘。所以，不管你的智商有多高，不管你在其他行业获得了什么样的地位，在市场中都无任何关系，股市走势与入市者没有关系，事实上股市并不在乎你是什么样的人。

所以必须了解心理学，了解它对股市的影响，是巴鲁克在追求盈利中的重要发现。

在投资领域当中，心理学是大家关注最少的层面，然而它却是十分重要的，由于每一个投资行为都受到心理因素的影响，或是可以说，投资市场的波动是由交易者的心理来决定的。所以，成功的决策要求交易者深谙心理学的真谛。

在金融市场当中，尽管从长期来看，股票价格反映其真实价值。然而，短期波动反映供求关系的小幅变化却应当认为是不可预测的和随机的，因为从实际金融市场的定价来看，价格反映价值很不理性，在实际情况之下，在经济理论中重视实效的新古典主义学派假设世界

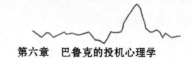

完全由理性人组成通常能构建出一个完全相反的世界。

巴鲁克曾说过："股票市场波动印证的并不是事件本身，而是人们对事件的反应，是数百万人对这些事件将会如何影响到他们的将来的认识。也就是说，最重要的就是，股票市场是由人构成的。"这应该可以解释理性人与实际世界差异的原因。

在拉斯·特维德的理论当中有四个基本的法则：一是市场总是走在前面，也就是说市场提前反映经济。在阐述这个法则中，威廉·彼得·汉密尔顿发展罗杰·沃德·巴布森《积累财富用经济晴雨表》中"股票市场当作经济活动的晴雨表"的理论，提出市场只是在提前反映即将到来的经济形势。二是市场是非理性的。群体行为所构成的金融市场充满着不确定性，即当少数几个人的非理性情感蔓延到绝大多数人时，整个市场便进入歇斯底里的状态，不论是荷兰 1636 年郁金香市场崩盘，英国政府和部分投机活动造成的南海泡沫事件，还是 1929 年华尔街股市大崩盘，都能够得出"市场有的时候完全沉浸在那样一种期望、贪婪以及恐惧的非理性情感中"的结论，当然，这种影响是很深远的，由此也促成人们学习金融心理学的必要。三是混沌支配理论。混沌规律是由洛兹发现的蝴蝶效应和分叉原理所构成的，这两个规律均说明了混沌精髓即预测长期事件和长期定量分析的努力是徒劳无益的，与心理学的不定性相映成趣。四是技术图形的自我实现。在一个市场环境当中，对于同一个技术图表来说，假如运用它的人多了，即许多人反应一致，就会产生强烈的反应信号。然而假如所有人都采取统一技术分析，那么造成的不是自我实现，而是自我毁灭。

拉斯·特维德的四个基本的法则有着很深远的意义，心理学也是在这四项原理基础上出现的。心理学在金融学研究中起着相当重要的作用。

在心理学与金融学千丝万缕的联系下，有一些深层含义不容忽视。

正如杰拉尔德·罗布所讲的"影响证券市场的最重要因素就是人的心理",研究人心,尤其是处于不同市场地位的人群,不仅对于整个市场来说,有着深刻意义,对于研究个人的思想、情感以及行为如何受到真实的、虚构的或者隐含的他人影响的社会心理学本身,影响也很大。其中信息价值对于不同人群的影响特别重要。具体来讲,市场参与者可以分为三种类型:短线客,此类人占市场人员比例大部分;市场作手,包括内部人(拥有公司 5%以上的股份)、证券交易所会员、套利者(即运用现有金融交易规则避免风险的人)、主要的投机商;第三级人,即盯住最不精明的人(即散户),采用与他们相反的做法的人群。对于这三种类型的人来说,面对相同的市场信息,因各自文化经验等差异,就会采用不同的做法。处于金字塔最低端的短线散户,通常依赖的是公共信息或部分专家的说法而采取行动,而公共信息也许有解释价值,然而极少或根本没有任何新闻价值,由于它所面对的是大众,而且就可信度来说也不高,通常来说,金融分析师的金融分析能够避免以上两个弊端,然而从瑞士信贷银行无法置信的买入案例来看,金融分析师通常存在系统性偏见,即极度乐观情绪,从而让散户的行动更加艰难。市场作手通常拥有极强的经济实力,他们对于整个市场来说绝对不容忽视,从杰西的例子来看,与市场作手作对显然是自讨苦吃。总的来看,第三级人拥有很强的推理和思维,他们大多数扮演市场上大鱼的角色,运用市场的蛛丝马迹能够正确推测散户的行动,预测市场动向,进而采取行动,获得盈利。为此,他们通常遵守一条原则:假如散户短线卖盘明显地增加,这表示市场底部将要来临;不要在好友指数指标超过 70 时买入,不要在该指标低于 30 的时候抛出。

然而第三级人不可能完全摆脱社会惯常心理的束缚,在一个社会心理学测试中,选择几个人转动大转盘,获得一个数字,比如说是

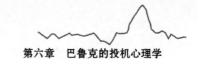

38，接着问非洲国家数，一般人若转动的数字比较大，那么他们猜测的非洲国家数通常比较大。这表明了：不管是职业人士还是新手都要遭遇一个心理问题：对于困难问题的决定，倾向于同一环境下出现在他们面前的数据，尽管他们完全清楚这个数据绝对是随机的，与正确答案无任何关系。这则是框架和参照点对人类心理的影响。因为信息的自由流动，让交易者和短线客构成一个相互联系的群体：每个人都有可能被自己所想象的他人的了解所框住。社会信息流通越来越方便，人们获得的信息也越来越复杂，怎么样对这些信息加以客观分析理性评价，成为在市场中生存的核心。此时，对心理学的了解就显得不可缺少。

　　为此，不得不提到趋势心理学。在传统的股票箱理论背后，是许许多多市场参与者集体作用的结果。当一种行为发展成为一种趋势时，通常会持续很多年，期间偶尔被短期的、暂时的波动打断，这种情况极罕见，当此情况出现的时候必须要抓住机会。利用趋势心理学一般能够在这种情况发生的时候，正确反应。也就是说，股票在某个价位停留越久，则这个价位的人越多；在密集区的大成交量有极强的作用，许多新交易者是在这个价位进入的。

　　总的来讲，学习金融心理学的重要意义就在于从第一、第二级思想中摆脱出来，让自己的思想达到第三、第四级乃至以上，从而在市场风云中可以笑傲众人，脱颖而出。不过，正像杰西·利弗摩尔所说的那样：不管如何，与群众趋势作对是不正确的。在考虑各阶层人员心理的情况之下，也必须注意个人能力的有限，尽可能避免负面的心理暗示，让自己的思想足够理性和客观。

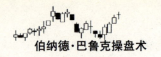

四、寻找事实，不掺杂任何情感

"不论我在威士忌托拉斯股票上遭受败绩，还是在联合铜业股票上获得很大成功，都突出了一点——获取关于某个形势的事实，不受到小道消息、内部信息或者一厢情愿的思考的影响，相当重要。在竭力寻找事实的过程中，我领会到，一个人应该像外科医生实施手术那样不能掺杂任何情感，必须始终保持冷静客观。一个人厘清了事实，就能够满怀信心地岿然不动，可以对抗人们以为最了解内情的人的意志或者愿望。

此后在公共事务生活当中，我发现这个准则也同样适用。在处理政府交给我的每一项任务的时候，我开始总会坚定不移地找出关于任务所面临形势的全部事实。威尔逊总统养成一个习惯，喜欢叫我为'事实博士'。我那时候总是努力让事实说话，让事实形成自己的政务建议。

……然而，尽管处在这样的情势之中，我也总是坚守自己的立场，我以为只要事实要求采取某些措施就可以了。"

巴鲁克懂得，推动股票价格的因素，是人们对各种经济力量和事件变化的反应，不仅包括眼前，还包括预期。股票操作成功的关键，在于是否能够摆脱自身情绪的影响。如果不能控制自我情绪，在股市中成功获利的机会就微乎其微。巴鲁克与很多人一样，也曾无法摆脱情绪的困扰，然而最终，通过亲身实践和恪守交易守则，他学会了怎样控制自己的情绪。

情绪就是股票交易的天敌。一位成功的交易者，对于市场很难享

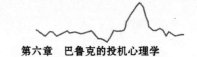

有幻想的权力，他只能是一个现实主义者。应该了解自己的极限在哪儿，自己的能力在哪里，更应该了解市场上可能的发展方向，幻想就会扭曲对现实的体会，阻碍交易的成功，成功的交易员应该辨识自己的幻想，并尽可能去避开它。

我们通常用错了我们的知识，交易这行并不需要高深的知识，可以运用技术分析，可以使用基本分析，可以把行情预测准确率练到90%，但依然可能赔光。

这个市场并无所谓完美的预测，你一定会预测错误。不要轻易相信投资顾问、法人、经营者以及大师的预言，这个市场就是基本面、技术面、贪婪、恐惧以及情绪不可预测的综合体，我们很难控制他人的情绪，也无法用卜卦算出什么时候有大地震来。追求"百分百准确"仅仅是个笑话和错误。提高自我的交易技巧，训练自我心智的成熟才是该专注的，这行的赚钱秘诀并不是"预测行情"，输家一直认为赢家是所向无敌的，幻想与赢家一样追求所向无敌，只会离成功越来越远。

一位输家拒绝承认自己对于交易已经失去控制，盈利能够让我们感受到"权力"的滋味，享受陶醉的激情。当我们尝试再次捕捉这种高潮的经验，于是进行轻率的交易，将盈利又还给市场，很多人很难忍受连续的严重亏损，我们通常被卷入市场的洪流，陷入绝境当中。极少数的"残存者"得以发现，问题关键不在于我们的方法，而在于我们的"想法"。

市场提供了人的各种原始本能的试练，不能唤醒知觉，不能谦虚学习只是把自己带往毁灭一途，市场不是风平浪静的投资环境，相反地，它的险恶常让人瞠目结舌，这个环境可以为我们创造大笔财富，也可能使得我们倾家荡产，不要让自身"刻意地"逃避种种现实，面对它，才有可能成功。

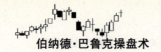

成功的交易者通常都知道如何控制自己的情绪。他们有很大的自律精神，不会捶胸顿足，不会怨天尤人，不会炫耀自己的成功。至于损失，他们会自己去担当责任，不会归咎于别人。脾气暴躁的人，极易动怒，觉得市场总是跟他过不去，很明显这不是成功的条件之一。除了愤怒和炫耀以外，还有许多情绪是交易者应当避免的，例如贪婪、恐惧、期待、报复及过度自信等。

在股票操作当中，真正的投入要素包括金钱、时间、心态以及经验，对股票运动规律的认识，投资哲学思想以及操作策略等。在股票市场，每天都可能产生一些刺激的事情。面对那些突如其来的变化，应该学会控制自己的情绪，保持冷静、心平气和地处理，否则的话迟早会被"震荡出局"。必须要学会控制自己的情绪，一是要输得起多少做多少，不要拿全部身家去赌，这样心理负担比较轻；二是事先做好一套看对什么时候结算获利，看错什么时候止损认赔的计划。盈亏均在意料之中，心理承受力增强了，情绪自然就会稳定。

五、投机必须具备的心理素养

巴鲁克将自己定义为"投机者"。他不以为"投机"是多么贬义的一个词语，他说：

"我曾经听到欧内斯特·卡赛尔先生说过一段话，他是爱德华四世的私人银行家，这是我可以想到的第一个头衔。"

"当我非常年轻的时候，就获得成功，大家叫我'赌徒'。"欧内斯特先生说，"我的业务范围以及业务量都开始增加，后来别人认为我是投机分子。我的活动范围不断扩大，现在人们叫我银行家了。实际上

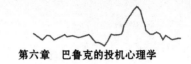

我一直都在做相同的事情。"

对于那些可能认为的确存在投机活动的人，他们更应该好好思考这段话。当我运用"赌徒"一词的时候，年事已高的 J.P.摩根一定会感到窒息。可是，事实是不存在无风险的投资的，投资有的就像赌博。

我们都应该在生活中试试运气，假如没有人愿意在赔率悬殊的情况下冒险一试，人类可能会比现在贫穷得多。为了发现前往印度的新路线，哥伦布承担了在那时候没有几个人愿意承担的风险。在我们这个时代当中，当亨利·福特开始生产 T 型车的时候，他正进行着有史以来风险最大的投机活动之一。

尽管我们可以熄灭人们愿意对那些看上去毫无希望的概率发起攻击的意愿——实际上我们很难这么做——我们这样做是很愚蠢的。或许我们可以试着更好地理解如何降低自己所面临的风险，或者换言之——这与我们的政府事务以及货币创造有关——我们的问题就是，怎么样在不让自己成为傻瓜的情况下继续进行正当的冒险和实验。

正如我以往所指出的那样，真正的投机者能够看到将来，并且在将来成为现实之前率先行动。

如今，投机被认为是赌博与冒险的代名词，然而事实上，这来自拉丁文 speculari，原意指的是探听消息并观察。我将投机者定义为那些观察将来走向，并且在实际发生之前采取行动的人。

这个讲得非常清楚了，这个投机需要投机者能够洞悉现在发生的事情，并且依照合理的逻辑推理来预测将来会发生什么，并提前布局盈利。这个定义很狭义，排除了那些不做研究、只是纯粹根据自己的直觉或者市场传言来操作的行为，后者或许被定义为"赌博"更加恰当。

要懂得一个投机客的内涵，应该弄清楚赌博、投机与投资的区别，在这三点上的混淆浪费了很多市场交易者的金钱和精力。市场是有它

内在的发展规律的，经验会让交易者或多或少地懂得市场发展的内在特性。依照自己的经验，构建成自己的交易系统，并且不断地完善，坚持执行下去，是每一个投机客的必由之路和不可或缺的功课。而赌博是依照片面的经验、小道消息等而作出的买卖决定，支撑他决定的是他的希望和期望，这往往发生在遭遇亏损之后的孤注一掷，这种不依照市场形势所做出的买卖行为，往往会造成交易者不能正确面对亏损，最后很难长久在市场生存下去。

投机行为就是完全与赌博和投资不同，只有懂得了这点，才能成为一个合格的投机客。巴鲁克指出："投机商是一个要对将来发生的事件加以思考和策划的人——也就是在事件发生之前就采取行动的人，所以，投机商经常是对的。"从这个意义上来讲，投机事实上包含了投资、交易以及期货市场上的套头交易三层含义。投机必须要有一种超前思维，应该对买什么或卖什么，什么时候买或卖以及是否要买或卖做出自觉的决定。这则意味着投机者对将来事态的发展情况要有几种设想，并且决定在每种情况下应采取什么样的行动。

各种类型的市场参与者所承受的风险程度和时间界限是不一样的，然而从本质上来讲，因为人性具有共同点，所以市场心理的表现会有不少相同之处。当投资大众推动市场达到某个极端的时候，所有的市场参与者都应该随时准备采取相反的立场。同样，每个参与者也应该努力保持冷静和客观的头脑，并尽量将自己的情绪和情感的本能反应限制在很小的范围之内。

巴鲁克归纳了投机必须具备的心理素养：

（1）几乎每个人都无法逃脱被自己的情绪所控制。他们要么太乐观、要么太悲观。当你把握了客观事实以及形成自己的观点以后，请静观潮流。你该明白市场应该发生什么事，然而不要把它误以为是市场会发生什么。大众对股市介入得越多，其力量越大。不要企

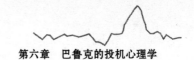

图与大众对着干，也不要站得太靠前。假如是牛市当然不要卖空，但是，假如有逆转的可能或者手握股票让你烦忧不已，就不可久留；反之亦然。

（2）股市出现恐慌时，最好的股票也不要指望能够卖出合理的价格。密切关注所有让公众鼓舞或惊恐的事。股价上扬时，全面考虑会让它涨得更高的情况，相反的可能也要想到，不要忘记历史。当股价下跌时，也是同样的道理。关注主流，但不需要太多的同伴。

（3）"停止损失，让盈利继续。"总体来说，动作必须要快。假如做不到这一点，那你尽量减少介入。此外，一旦心中有疑问，也要少介入。下定决心以后应该马上行动，这时就不要顾及市场的反应了。尽管这样，制订计划的时候，你也应该时常地考虑市场的动向。

（4）在充分了解以往状况及全面掌握眼前形势的情况下，把两者进行比较。在心理上为所有障碍做好准备，行动过激永远只会带来反应过激。

（5）不可预测的成分。必须考虑到"机会"的因素，并且随时为它做好财政上、精神上和体力上的准备。

交易时面对的就是一个未知的世界，对手是除你之外的数千万人构成的巨型系统，自己的思维是有限的，而市场却是无限的，以有限的对阵无限的，难免有看不懂的无法解析的数据流，而这些数据流如同巨大黑洞似的令人思维停滞心理瞬间崩溃。怎样做好心理维护，让心理能从灾难性打击中迅速恢复过来，则是每个交易者必修的功课。

市场总是有能力发现人们身上存在的心理弱点，假如交易者不能有效地对自己的情绪冲动进行控制，那么他就极易陷入各种市场陷阱之中。所以，市场的投资者或者投机客，有必要不断地加强自己的心理修养。

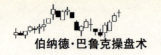

六、既不求贪婪，也不求恐惧

巴鲁克是当时最能够把握时机的投机客，他只求做好可是却并不贪婪，他从来不等到最高点或最低点。在弱市中买进，在强市中抛出，早买早卖，把握稍纵即逝的操作机会，这就是他投机理念的精髓。

巴鲁克认为，失败的交易者极易受到情绪的控制，他们对市场波动的反应不是理智和冷静，而是贪婪和恐惧。

他说："我看过许多这样的交易者，他们平常做事负责，深思熟虑，然而在股票操作上有时候变得很疯狂，或许仅仅几分钟就把自己很多年辛苦积累的身家全部投入进去。"

失败的交易者都会把股市视为不劳而获的挣钱机器，而不是资本金合理的回报。无论任何人都会喜欢迅速、容易的盈利，不劳而获的希望煽动起交易者贪婪的欲望。贪婪让很多交易者通过寻找捷径来取得操作成功。最后，贪婪会让交易者的焦点从取得长期投资目标转向短期投机。

巴鲁克指出，有的时候极度的贪婪会让市场参与者提出新时代思维来证明买入或持有估值过高的证券是合理的，并且总是寻找理由来证明"这一次与以前完全不同"。当现实被扭曲之后，交易者的行为就会失控到极点，所有保守的假设均会被重新审视和修改，以便于证明越涨越高的股价是合理的。在短期之内，交易者试图抵抗市场这种疯狂是非常困难的，由于参与者都能挣很多钱，至少账面上看是如此。等待市场最后确认到趋势的不可持续，疯狂的市场立即就会演变成恐慌性的灾难，贪婪开始让路给恐惧，交易者可能损失惨重。

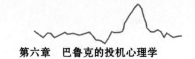

巴鲁克发现，自从人诞生以来，其本性尚未发生过丝毫的变化。人们常说：在金融市场没有新的东西，以往发生的还将一遍遍地发生。贪婪会继续下去，恐惧也会继续下去，因为人的本性从来没有改变过。

巴鲁克认为，人在本质上是有限的存在，没有任何人是全知全能全善的。人的有限性不但表现在每个人都有寿终之日这一点上，而且特别表现在人的理性能力的有限性这一点上。无人有能力发现全部的历史规律，无人有能力预测宏观经济和资本市场的每个变动。既然人的理性能力是有限的，既然无人是全知全能的，那么，犯错误是在所难免的。正如一句名言所说：犯错才是人！在股票市场上，找不到没犯过错误的交易者。股票场所是个聪明人最多的场所，然而同时也挤满了非理性的人；是成功最大的地方，也是错误最严重的地方。可以说，股票市场，几乎就是人性弱点的博览会。

"贪婪和恐惧"，这对弥漫于股票市场的市场情绪，是很多交易者津津乐道的话题，也是操作成功与否的决定性因素。能够在他人贪婪的时候恐惧，以及在他人恐惧的时候贪婪的人，都在市场中得到了巨大的回报，而不能战胜贪婪和恐惧的人，就会成为市场中的失败者。市场中有很多的人受困于对自己的认识不足，无法克服人性弱点，情绪随着获利或损失的变化而剧烈波动，从而作出不恰当的决策，最后在变幻莫测的市场中屡屡受挫。而对于程序化交易来说，它始终坚持了模型设计的初衷，不会因性格因素而改变，从而避免了"感情用事"所可能导致的损失。

在股市中，总有不少交易者在每次反弹中只赚指数不赚钱，甚至还赔了钱，原因非常简单，归为：贪婪与恐惧。

人生有两大弱点那就是恐惧和贪婪，它们始终困扰着人们的一举一动。失去心理平衡而又浮躁冒进者看似强悍，通常成为"贪婪"的

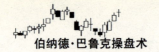

牺牲品；为好消息怦然心动而又弄不懂内因决定外因的人看似理智，通常陷入"恐惧"的陷阱。从理性的角度来看，得不喜、失不忧、宠不惊、辱不惧，才是我们所追求的最高境界。

有人将自己比作股海中的鲨鱼，且不说狰狞的面目仅仅是贪婪的表象，而贪利就能盈利吗？他们总是跟随股指的大幅飙升，持股数大幅增加，在时刻高度紧张的压迫感中，随时可能功败垂成。

贪婪虽然是人的本性，然而在操作股票中不能贪婪，特别在熊市中更不能这样。由于熊市做多力量比较薄弱，做多的主力和散户基本均是短线思维，所以在机会好不容易来一次的时候，就要将目标定低一些，买入时要事先研究和设定计划买入价并耐心等待低买时机，达到目标之后就要先落袋，从而避免坐电梯的结果。

有人将股市中的搏杀比喻是人和鳄鱼的相斗，以为人占下风是必然的。噤若寒蝉者和声泪俱下者都异口同声："恐惧。"实际上，鳄鱼的凶残只是局限在沼泽地，就如同股市中的下降通道，换言之，如果将鳄鱼引出沼泽地，其眼泪还是温柔的，至少是残酷的温柔。

恐惧也是人类的天性，熊市中的恐惧是必需的，然而一旦行情来时还依然恐惧那就会丧失机会。所以我们常说的我们在熊市、在没有机会时要像老鼠那样的胆小，机会来到时要像狼一样的无畏，说的就是这个道理。人一恐惧往往就会挨两面耳光，由于恐惧通常反映的是自己心中没有底，心中无底又表明你缺少研究，这样才会在行情没有到来时恐惧"底中有底"，行情快来时又胆怯不敢进入，行情来临的时候又犹犹豫豫错失良机，大盘假反弹的时候会被骗入场，大盘洗盘的时候赶快杀跌，大盘接近尾声的时候反而有了勇气。像这些怎么会赚钱？

那么，如何消除贪婪与恐惧？

至于贪婪，你应该知道自己操作的原则，例如我们建立自己的评

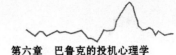

估体系，制定好买入和卖出的原则，当然这个原则是依据个人的能力、偏好、估值体系及个股的特色等，每个交易者有自己的标准。然而对于风险安全边际的原则不能改变，应当坚持。

假如上涨过多脱离了安全边际，那么你就应坚决减仓甚至清仓；假如个股涨幅过大，那么你应重新评估公司接下来业绩会不会超预期，会不会由于其他原因导致目前的高估其实是合理性的？然而通常这个时候如果股价已经涨幅过大，你一定要减仓观察再说！

操作股票不要凭空幻想，实事求是则是我们的必然选择！适当的贪婪是有必要的，这样我们才能抓住牛股，然而前提是应该有自己的价值评估体系，并且公司估值在这个体系中处于合理性！当我们有了自己的估值体系，并严格执行，我们就能够战胜过度贪婪了！

至于恐惧，我们应该有自己的价值评估体系，必须对个股进行深入独立的研究分析，而且应该保持客观性，不要买进之后放大有利的因素，也不要放大不利的因素，永远保持谨慎客观的视角眼光对待。

我们要能够自我认识，不要跟着起哄。不因下挫而恐惧，不因上扬而贪婪。遵照客观的技术结构，顺应各周期的趋势发展关系而进出。

改变贪婪和恐惧是我们每个人泡在股市里应该做到的，而要真正落实在行动上则应该树立自己的理念，掌握好基本的本领，调整自己的心态，执行交易的纪律。

七、耐心才能听到财富的声音

市场就如同一只钟摆似的，永远在短命的乐观（它让股价过于昂贵）和不合理的悲观（它让股价过于廉价）之间摆动。股市中很重要

的时间因素，实际上就是指耐心。缺乏耐心是一个交易者可能犯的最严重的错误。巴鲁克说，股市操作的成功之路要在长期的时间中才能体现，绝不会突如其来，一蹴而就。在牛市中，耐心使得利润自然发展，这是与普通交易者之间的重大区别。

低估与高估时间的长度通常超过你能想到的预期，并不是简单的用几天和几个月就可以恢复常态的。坚持，也就是坚持两三年，然而大多数都在最后一分钟失去了耐心，也就错过了后续的大利润。耐心就是交易成功之母。千万不要由于市场的上涨或利润的激增而加大对账户的投入（仓位控制）。要想通过买入一只遭受忽略因而被低估的股票赚钱，往往需要长期的等待和忍耐。市场通常轮回出现一个又一个新的诱惑，高速、巨幅的涨幅让所有的人好像都失去了耐心，变成了一个投机王国。然而聪明的交易者并不计较一时的对错，要想达到你的长期财务目标，应该一直坚持正确的做法。对短途旅行来说，假如你能够幸运，高速行驶是十分管用的；然而从长期来看，它会要了你的命。

交易者的耐心往往在股市的涨涨跌跌当中，最能够表现出来。

在市场下跌的时候，假如已有一定幅度，许多交易者通常心痒难耐，唯恐失去低点买入时机，因而伸手拦腰接住，结果下挫势头不止，不是割肉就是套牢。买卖只在涨跌不在价位的高低。大势下跌当中，操作者特别需要耐心，要冷静研究大势走向和个股特性，摒弃那种捕捉"黑马"的幻想，耐心地等待时机，顺势而为。

在升势之中，耐心同样也是捕捉时机的重要因素。有时在升势中我们买入了一只股票，此后股票却不涨反跌，进入调整期，眼看着其他的股票都在上涨，而自己持有的股票却总是在原地踏步，甚至还略有下跌，这时交易者的耐心和信心都面临严峻的考验。若交易者抱定"总有一天等到你"的信念，以足够的耐心等待价格的回

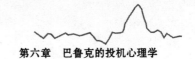

升，或许不久以后，股价果真会上涨，因为在一轮上涨行情中，很多股票都会有平均的上涨幅度；然而实际往往看到的是，买入一只行情看好的股票，希望价格涨升后脱手。然而，等待了几天之后还不见动静，甚至市价不涨反跌，便沉不住气了，因而，在股价刚要启动的前一刻，反而失掉了"抗战到底"的信念，而发生一卖出就出现大涨的悲剧。

所以说，忍耐的功夫自身就是一种宝贵的资本。投资收益，相当大程度上正是忍耐与等待的报酬。除非能够做到恰到好处的判断，并且运气极好，否则的话是很少能马上获利的。所以，无论是持股待涨，还是准备在股价下跌后买入，都应该经历一段忍耐、等待的时间。

投资家马可·威斯坦说过："我的交易极少遭受亏损，是由于我总是选择在最适当的时机进入。大多数的人都不会等到市况明朗才进场。他们总是在黑夜中进入森林，可是我则是等到天亮才进去。印度豹尽管是世界上跑得最快的动物，能够追得上大平原上的任何动物。然而，它总是等到有足够的把握捕捉到猎物以后，才会发动攻击。它或许会在草丛中躲藏一个星期，等着适当的猎物和适当的时机出现。选择与等待万无一失的时机发动攻击，则是我的交易原则之一。"持长必须要有耐心。麦可·马可斯也说过："你应该坚持让你手中的好牌持续为你赚钱，否则你肯定无法弥补认赔了结所输掉的钱。"等着由贫变富的过程需要耐心。布鲁斯·柯凡纳说得好："野心太大的交易员最终总会将交易弄砸，并且永远无法保住所赚得的利润。曾经有一位交易员，他的聪明才识之高是我一生少见，他判断市场非常准确。可是我能赚钱，他却不能。他犯的错误就是野心太大。我交易 1 手合约，他却要交易10 手，最终不但没有赚钱，反而赔了本钱。"

必须记住，耐性不但是美德，而且还是交易中最重要的部分。市

场起起伏伏极其正常，下挫的股价一定有上涨的时候。等待股价上涨比起低价卖出再找其他股票来说更有效。

股票市场的行情升降、涨落并非一朝一夕就能形成的，而是有一个缓慢的过程。多头市场的产生是这样，空头市场的产生也是如此。所以，趋势没有形成之前决不动心，以免杀进杀出导致冲动性的投资，学会"忍"字。小不忍则乱大谋，忍一时，风平浪静，退一步，海阔天空。

耐心就是面对股市波动，要有平常之心，冷静观望，不为所动，"泰山崩于前而色不变"，这是心灵上最高境界的体现。耐心最显著的表现是沉稳，通俗地来讲就是能够忍住、不着急，也就是"忍耐"之心。"忍"从字面上看是心字头上一把刀，古人在造字时已想到忍的不容易，你想心中插上一把刀谁能"忍"得了，"忍"是很痛苦的事情，要能忍得住，确实不容易。不管是恼怒、愤怒、气怒归结起来都是心理的一种冲动，由此引起生理上的急剧变化，产生一种行为发泄出来，实现心理上的暂时平衡。而忍住是一种强迫制止的违心之举，没有相当的毅力，较高的思想修养是忍不住的，"忍"是一种心计、一种韬晦、一种涵养，是避免风险与烦恼的重要手段。忍人之不能忍，是大智大勇者战胜自我的最高境界。但不管"忍"有多么难，也必须学会忍。

孔子说过："小不忍则乱大谋。"是说小处不能忍住，就会耽误和败坏了大事。有志向、有理想的人，不应斤斤计较个人得失，更不应在小事上纠缠不清，都必须能够抵抗住各种诱惑。世上没有什么事情是不需要经历忍受和磨难的，遇事急躁、沉不住气，是很难成就自己梦想的。在成功者为其目标奋斗的过程中，所遭遇的凶险多于常人，如果时运不至，时机不到，就必须有足够的耐性忍下去，再忍下去，同时，不断积蓄力量，完善自己，待机而动。

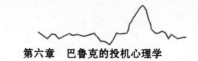

在股市中你有了耐心，就能涨跌不惊，就能冷静地思考和分析、沉着应付、泰然处之。耐心不够就会着急，着急的根源是对下一步的走势把握不住，心中无数导致的。着急头脑就会发热，发热就易盲目判断，从而产生错误的操作。你想为什么许多散户认为一轮行情已经结束了，还是忍不住又返身进场呢？当一轮行情已经开始了，为什么许多散户手中的股票就是拿不住呢？这些都是没有"耐心"的体现，耐心是操作股票制胜的关键。

在股市中没有耐心，任何希望获得炒股成功的人，方法再好也将一无是处。有勇而不能"忍"常常能致命，空有抱负而不能"忍"，常能摧毁最有前途的生涯。忍耐是一种修养，是一种境界，是一种宽广博大的胸怀，是一种包容一切的气概。"忍"讲究的是策略，体现的是智慧。能忍者追求的是大智大勇，绝不是头脑发热的莽夫。

在股市中拥有了耐心，就能做到心如止水，手中有股，心中无股，冷眼看股市风云变化，平静看股价涨跌，得失随意，涨跌不惊，这是何等让人羡慕的境界！

八、适可而止，见好就收

巴鲁克说，股市永远不会改变，但人的财富会改变，股票也会改变，因为人性永远不会改变。在股市中获得更大的成功，很大程度上就是情感的战斗，而不是智力的战斗。牛市中，看涨反映的过度乐观比悲观情绪更加危险得多，由于交易者将失去警惕。无论任何时候都要提醒自己，不管是大熊还是大牛，二加二始终等于四，不会是其他任何结果。在暴跌时扛不住情绪的困扰抛出，那就是傻瓜的决定；在

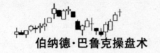

暴涨时扛不住金钱的诱惑买进，那则是很不明智的表现。忘记以往的人，一定将会重蹈覆辙。

巴鲁克相信，任何牛市最后都将会遭遇惨败。聪明的交易者在牛市中反而会忧心忡忡，由于它会让股票变得昂贵。牛市的时候，大众对股票的热情越高，股价上扬的速度相对于其实际利润的增长就越快，与此同时，这种股票的风险就越大。反之（只要你手上持有充分应付日常生活所需的资金），你应当欢迎熊市，由于它会将股价拉回到低位。不要沮丧，牛市的结束并不像大家认为的那样是一个坏消息。因为股价下跌，它已经进入一个十分安全和理性的财富积累时期。我们不必紧盯住市场下跌的绝对数，而忘记了以相对比例来表示的损失。股价下挫的时间越长、幅度越大，而且你在他们下挫时不断地买入，那么你最终获得的钱就会更多——假如你能够一直坚持到最后的话！

在股票操作中，赚八分饱就走，股价反转而下立即撤兵。股价下挫初期，不可留恋，必须要狠心了结。当空头市场来临的时候，对股票筹码的持有应当尽可能减少，最佳法则是多看少动，休养生息，等待多头市场来临时，再适时进场。

知足常乐，实际上更准确的是老子《道德经》中的名言：知足不辱，知止不殆，可以长久。

实际上巴鲁克成功操作法则就是知足常乐。他把其财运长久的原因归于能够知足常乐，及时获利抛出：

当时公司股票还在大幅上涨，许多问我问题的人暗示说，我抛出股票的举动表明我信心不足应付不了新形势，是个过气落伍的人。然而在1929年大崩盘到来之前，我还是抛出了所有硫矿公司的股票。

我在股市操作当中，一次又一次当股票尚在上涨途中就抛出股票——这也是我一直能守住财富的一个原因。大多数的时候，如果继

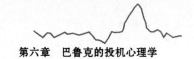

续持有某只股票，我本来可能会挣到更多的钱，不过话又说回来，当某只股票崩盘的时候，我本来也会正好遭遇不幸，惨遭巨亏。虽然由于这种习惯做法我错过了一些赚钱机会，但我同时也避免了陷入"破产"的境地，而我看到其他许多人正是因此而不名一文。

实际上，巴鲁克讲的在上升过程中卖一点，操作股票要适可而止。

究竟股票在什么价位抛出才算合理？是上涨 20%，或者上涨 30%，还是上涨 50%？众说纷纭。有的人认为"到 20%的盈利水平必须坚决地走人"。也有的人认为"必须挣足，不获得全部的胜利，坚决不走人"。事实上国际量子基金每年平均回报率也只有 23%左右。

实际上，具体地来讲，一是要看大势；二是要看个股；三是要看价位。大势不好的时候，别说上涨 20%，就是上涨 10%，也相当困难，必须坚决离开，空仓等着机会。假如股票是好股票，而且是在大势好并且上扬的时间段，就大胆等待一会儿，看有没有 50%的上涨，甚至更多的可能性。在什么价位买入非常重要：在高价位买进，就要注意巨大的风险；在低价位买进，则可以按兵不动。

贪心不足蛇吞象，反误了自己卿卿性命。因此要"摆正自己的位置，清楚自己的目标，不要过于贪婪。保住自己胜利的果实极其重要"。

交易是否取得成功，关键在于是否能战胜自我，保持良好的心态，尽力克服贪婪、恐惧、希望以及侥幸等不好情绪的影响，以免用情绪代替客观的分析，坚持自律精神，这是衡量投机者投机水平是否专业的判断标准。交易心态通常体现在判断市场、目标方向以及买卖点位上：在投机过程中不要事先假定市场应该往哪个方向走，也就是不要作出预测，而是让市场告诉我们市场会走到哪里，我们只是对市场的走势作出反应而已，不必要想方设法去证明或解释自己预期的观点是否正确，以现有的实际走势客观地制订可行的交易计划

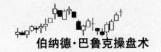

而不是去靠主观预测，计划尽管不能预测或控制未来，然而可以预先拟定各种可能情况的对策并进行自我控制。不要由于价格太高了就不敢买或价格太低了就不能卖！也不允许把"价太低了"当作买的理由或将"价太高了"当作卖的理由，不要企图抄底或逃顶。让市场自己告诉大家底部或顶部——永远要做趋势的朋友！

参考文献

［美］伯纳德·巴鲁克. 在股市大崩溃前抛出的人：巴鲁克自传（珍藏版）［M］. 张伟译. 北京：机械工业出版社，2012.

图书在版编目（CIP）数据

伯纳德·巴鲁克操盘术/赵信著. —北京：经济管理出版社，2015.8
ISBN 978-7-5096-3930-6

Ⅰ.①伯…　Ⅱ.①赵…　Ⅲ.①股票交易—基本知识　Ⅳ.①F830.91

中国版本图书馆 CIP 数据核字（2015）第 203953 号

组稿编辑：勇　生
责任编辑：勇　生　王　聪
责任印制：司东翔
责任校对：赵天宇

出版发行：经济管理出版社
　　　　　（北京市海淀区北蜂窝 8 号中雅大厦 A 座 11 层　　100038）
网　　址：www. E-mp. com. cn
电　　话：(010) 51915602
印　　刷：三河市延风印装有限公司
经　　销：新华书店
开　　本：720mm×1000mm/16
印　　张：12.25
字　　数：153 千字
版　　次：2015 年 10 月第 1 版　　2015 年 10 月第 1 次印刷
书　　号：ISBN 978-7-5096-3930-6
定　　价：38.00 元